Stéphane Biso
Marjorie Le Naour

design → thinking

Accélérez vos projets par l'innovation collaborative

DUNOD

Tout le catalogue sur
www.dunod.com

DUNOD
ÉDITEUR DE SAVOIRS

Illustrations : François-Xavier Chenevat (FiX)

Couverture : Misteratomic

Maquette : PCA

11 rue Paul Bert, 92240 Malakoff

www.dunod.com

ISBN 978-2-10-076729-8

Sommaire

Préface

Dans un nombre croissant d'entreprises, le Design Thinking révolutionne les processus d'innovation en remettant le client au centre de la démarche, mais aussi les méthodes de management, en valorisant les ressources humaines, impliquées dans une approche de création collective qui dépasse les frontières organisationnelles.

Formalisée dans les années 1990 par la d.school de Stanford et l'agence de design Ideo, l'approche Design Thinking puise ses racines dans le courant de pensée et de recherche en psychologie et en sciences de l'information apparu en Californie dans les années 1950 (« École de Palo Alto »).

Par essence, la créativité ne peut être le résultat d'une recette mécanique qui garantirait l'émergence d'idées pertinentes. Mais le processus d'innovation peut être guidé, stimulé, enrichi par une démarche qui prend en compte les attentes des clients, les nouveaux apports de la technologie et les enjeux économiques. C'est la promesse du Design Thinking, au croisement de la rigueur analytique et de l'intuition créatrice, dans le cadre d'un effort collectif.

D'abord mis en œuvre par les entreprises les plus innovantes de la Silicon Valley, le Design Thinking se diffuse progressivement en Europe. En France, il est de plus en plus utilisé par les grandes entreprises industrielles, de services et financières pour redynamiser leurs processus d'innovation.

Particulièrement adaptée aux environnements incertains, la démarche est fondée sur une compréhension fine des attentes des clients, en recréant une empathie absente de la seule modélisation économique. C'est aussi une formidable opportunité de réengager les collaborateurs de l'entreprise, en bousculant les règles établies et en réinsufflant une grande liberté de création pour imaginer et construire de nouveaux projets. En faisant le pari de l'intelligence collaborative, l'approche redonne aux collaborateurs le plaisir de partager leurs savoirs et d'avoir ensemble des idées nouvelles pour améliorer l'expérience des clients et la performance de l'entreprise.

Le Design Thinking est beaucoup plus qu'un exercice de *brainstorming* plaisant pour les participants mais sans lendemain. C'est une véritable démarche de construction d'offres, de nouveaux services, qui permet de délivrer des résultats tangibles, en développant des prototypes qui seront testés avec les clients, pour une mise en marché rapide et des améliorations continues au travers d'une démarche itérative qui prend en compte les retours des utilisateurs. En cela, le Design Thinking rejoint et complète les méthodes Agile qui transforment les développements informatiques.

Praticiens expérimentés, Stéphane Biso et Marjorie Le Naour partagent avec beaucoup de pédagogie – et d'humour – leur expérience d'accompagnement de projets d'innovation mettant en œuvre une approche Design Thinking. Ils donnent des exemples concrets des apports de la démarche et fournissent un mode d'emploi pour l'animation des ateliers de créativité collective.

Leur ouvrage est donc un précieux « manuel » pour tous ceux qui veulent accélérer l'innovation dans leur entreprise et remobiliser leurs collaborateurs autour d'une ambition de création collective pour apporter de meilleures réponses aux attentes des clients.

Olivier Sampieri

Senior Partner & Managing Director, The Boston Consulting Group

Avant-propos

BIENVENUE DANS CE CARNET DE ROUTE !

Nous avons imaginé ce livre comme un carnet de bord qui raconte des expériences vécues et que vous pouvez feuilleter au gré de vos envies en naviguant d'un paragraphe à l'autre.

Mêlant textes et dessins, nous l'avons conçu comme un lieu d'échanges, y intégrant parfois des notes personnelles, de nombreux exemples, des anecdotes et quelques citations.

Vous lisez ces premières lignes parce que vous avez l'intuition que la manière d'innover en entreprise s'inscrit nécessairement dans de nouvelles manières de faire, d'agir, de co-créer. Mais vous n'avez pas encore les clés pour passer à l'action.

Cet ouvrage se veut votre compagnon de route.

QUI SOMMES-NOUS ?

Nous sommes un « tandem de bureau », amené au quotidien à porter des projets « conformes à la demande ». Peu à peu, nous avons pris conscience des différentes modalités existantes pour imaginer un processus, répondre à une requête, comprendre avec empathie les contraintes, les résistances comme les souhaits de communautés (plus proches qu'on ne le pense) que sont les collaborateurs d'une entreprise de services et les clients de celle-ci. Des éventuels prospects, également !

Des femmes et des hommes de tous les jours qui ont beaucoup en commun. Notre tandem a pour fil rouge la réflexion sur les pratiques, l'interrogation mutuelle, le souhait d'apporter au plus grand nombre des outils « sympathiques » et producteurs de sens.

NOTRE CREDO ?

Entreprendre sérieusement sans se prendre au sérieux.

Bonne lecture !

Introduction

Le Design Thinking est une démarche d'innovation qui s'appuie sur l'intelligence collaborative et la co-création.

Il est né dans les années 1950 sur la côte ouest des États-Unis, non loin de la Silicon Valley déjà reconnue à l'époque comme un berceau de la créativité. Il est d'abord pratiqué sans être formalisé. C'est dans les années 1980 que Rolf Faste développe le processus à Stanford. Il se décompose alors en 7 étapes (définir, rechercher, imaginer, prototyper, sélectionner, implémenter, apprendre). Dans les années 2000, elles se réduisent à 5 avec Jeremy Gutsche (définir, imaginer, synthétiser, prototyper, tester) puis à 3 avec Tim Brown (inspiration, imagination, implémentation).

Depuis longtemps éprouvé outre-Atlantique, le Design Thinking est aujourd'hui une véritable tendance en Europe et fait partie des processus innovants du management de projet de l'ère 2.0. Néanmoins, peu de littérature encore donne les clés de cette démarche et permet aux managers de la développer en entreprise.

Cet ouvrage a donc pour but de vous faire découvrir tout le potentiel du Design Thinking et de vous donner les conseils pratiques qui vous permettront de le mettre en place en toute autonomie.

Pourquoi un livre sur le Design Thinking ?

Convaincus que le Design Thinking est une démarche efficace et pérenne pour l'entreprise, nous avons d'abord œuvré à le faire connaître en interne. Puis, le vif intérêt et l'enthousiasme des personnes qui ont vécu cette aventure avec nous, nous ont confortés dans l'idée d'écrire un livre pour partager cette expérience avec le plus grand nombre : vous faire découvrir cette pratique collégiale et vous donner les premières clés vers votre propre pilotage.

Nous nous sommes alors fixé deux objectifs :

- Répondre à la question « C'est quoi, le Design Thinking ? ».
- Permettre à ceux qui souhaiteraient l'expérimenter d'éviter les principaux écueils.

1 | « C'EST QUOI, LE DESIGN THINKING ? »

Bien que le Design Thinking attise la curiosité, la démarche reste méconnue…

Qu'il s'agisse d'un simple dîner entre amis ou d'un déjeuner d'affaires, le terme de « Design Thinking » ne laisse jamais indifférent, même lorsque vos interlocuteurs sont vos propres collègues et que vous exercez votre activité depuis plusieurs années dans la même entreprise qu'eux ! Lorsque vous indiquez que le Design Thinking est votre métier, la réaction la plus courante est – n'ayons pas peur des mots –

« C'est quoi le Design Thinking, exactement ? ». Question à laquelle nous répondons avec ferveur, ayant à cœur de décrire l'expérience que nous vivons au quotidien : **« C'est une démarche centrée sur l'humain, client ou collaborateur, qui permet à l'entreprise de favoriser l'innovation, l'agilité et l'accélération dans la construction de ses projets. »** Et plus concrètement ? « Au travers d'ateliers, le Design Thinking fait appel à l'intelligence collaborative et pousse des équipes pluridisciplinaires, qui ne se connaissent pas *a priori* et n'ont pas les mêmes « échelons » dans l'entreprise, à l'exploration, au développement rapide d'idées et à l'apprentissage par l'usage. C'est une démarche chorale où personne n'est ajusté dès le départ mais respecte qu'au sein du groupe la différence soit moins un agacement qu'un potentiel d'intelligence collective. »

Riches d'une expérience de plusieurs années et de plus de 20 projets accompagnés avec succès, notre moteur au quotidien est de faire vivre l'aventure de la co-créativité et de l'innovation aux différents groupes de travail. Peu à peu, il est devenu évident pour nous que nous souhaitions aller plus loin et sensibiliser plus que les collaborateurs d'une seule entreprise.

2 | ÉVITER LES PRINCIPAUX ÉCUEILS

Dans une économie de l'hyper-concurrence, dès qu'une nouvelle tendance émerge, un effet de mode pointe. Le Design Thinking n'échappe pas à la règle.

> **« La plupart des gens font l'erreur de penser que le design, c'est l'apparence. Le design c'est comment ça marche.**
> **Steve Jobs**

Le Design Thinking se développe désormais de plus en plus dans les grands groupes. Il est alors révélateur de la richesse des expériences forgées au quotidien et la démonstration vertueuse que les potentiels sont au sein de l'entreprise. Il suffit de les susciter, de les enchanter, d'offrir aux équipes une expérience hors du cadre. Le Design Thinking comporte une dimension humaine considérable à l'échelle d'une entreprise.

Malheureusement, au cours des différents forums et événements auxquels nous assistons, force est de constater que certains confondent « Design Thinking » et « design » au sens de « dessin ». Cette méconnaissance engendre aujourd'hui de dangereuses dérives.

Le Design Thinking ne se résume pas à une séance de créativité ou de *brainstorming*. Il ne suffit pas d'inviter plusieurs groupes de collaborateurs dans un loft, de leur annoncer qu'ils vont travailler « en mode start-up » et d'y mêler quelques dessinateurs qui traduisent les idées sous forme de *storyboard* pour accomplir ensemble du Design Thinking.

Le terme « Design Thinking » est trop littéralement traduit par « esprit design » en français, d'où une confusion avec le « Design » et un raccourci avec des méthodes employant le « dessin ». **En réalité, le Design Thinking hérite de l'approche du designer : on observe les attitudes de l'utilisateur (ou client) en faisant preuve d'empathie pour mieux le comprendre.** Il s'agit de développer une fine perception de la communication non verbale de l'utilisateur, parfois de ses contradictions qui l'empêchent de trouver la solution qu'il pressent mais sur laquelle il bute. Cela permet alors de lui proposer une solution qui s'approche au plus près de son besoin. Néanmoins, le designer observe et élabore souvent seul la solution. Le Design Thinking, lui, appelle à l'implication de multiples interlocuteurs afin de confronter les points de vue.

Le Design Thinking est une démarche de co-création centrée sur l'humain qui s'enracine dans la compréhension profonde du besoin client et l'engagement d'une équipe multidisciplinaire pour y répondre. En résumé, n'envisageons pas le Design Thinking dans un cadre réducteur. Ce serait perdre l'essence même de l'expérience que nous souhaitons faire partager aux publics que nous engageons avec nous. Car oui, nous nous engageons.

Nous nous engageons à faire du Design Thinking : de l'intelligence collaborative, de la co-construction et de la co-création. Plus important encore, **nous nous engageons à construire l'expérience client de demain en partant justement du client et en impliquant dès le début le collaborateur, toujours.**

Ce livre propose de vous initier au Design Thinking à travers trois chapitres :

1. Pourquoi innover par le Design Thinking ?
2. Comprendre le Design Thinking, étape par étape
3. Conseils et bonnes pratiques à mettre en œuvre

1 CHAPITRE Pourquoi innover par le Design Thinking ?

Face à un marché dominé par l'expérience client, l'entreprise est en concurrence directe avec des start-up plus réactives et plus agiles. Comment alors rester *time-to-market* ? Comment décomplexer l'entreprise et y insuffler l'esprit start-up ?

Découvrez tous les avantages du Design Thinking pour accélérer vos projets par l'innovation collaborative.

La réponse à la question « Pourquoi ? » est extrêmement simple. Le Design Thinking répond aux enjeux actuels et futurs de nos entreprises, quelle que soit leur taille. Il présente, en effet, de nombreux avantages.

MOINS POUR UNE « TENDANCE » QUE POUR UNE EFFICACITÉ ÉVIDENTE !

La démarche donne les preuves de son efficacité au quotidien à plusieurs niveaux : par une accélération de la conception d'un produit ou d'une offre, la co-construction de concepts innovants, le partage et l'implication d'équipes multidisciplinaires, la reconnaissance de l'intelligence collaborative, la qualité des livrables, la co-validation de la Feuille de route et la mise en œuvre en cycle de développement court.

> **FEUILLE DE ROUTE.** Cette expression est couramment employée dans divers domaines et notamment l'entreprise. Par exemple, la Feuille de route d'un projet ou d'un programme est un document de référence qui reprend les grandes lignes d'un projet et décrit précisément sa stratégie ou son plan d'action.

Cette démarche crée l'occasion d'un échange direct, sans tabou, sans barrière hiérarchique, où chacun a la parole. Cela représente pour différents départements ou services un moment privilégié – car rare – de partage et de rencontre entre collaborateurs. Les espaces de co-création sont souvent vécus comme une respiration et une zone de bien-être par les personnes engagées.

Les ateliers permettent de s'écouter, de se comprendre alors qu'à l'origine personne ne parle le même langage. Il est important aux yeux des opérationnels de pouvoir transmettre leur expérience, leur vision du quotidien au projet, d'y mettre leur patte et d'avoir un sentiment d'accomplissement pour avoir contribué.

La co-construction passe également par l'action de maquetter un processus, de bout en bout, ou de prototyper un outil ou une application, de formaliser l'idée pour se projeter, de tester et éprouver le concept pour s'améliorer rapidement.

Enfin, la co-validation de la Feuille de route par une relecture collégiale en séance finale est un avantage car toutes les personnes se sentent impliquées et ainsi s'engagent.

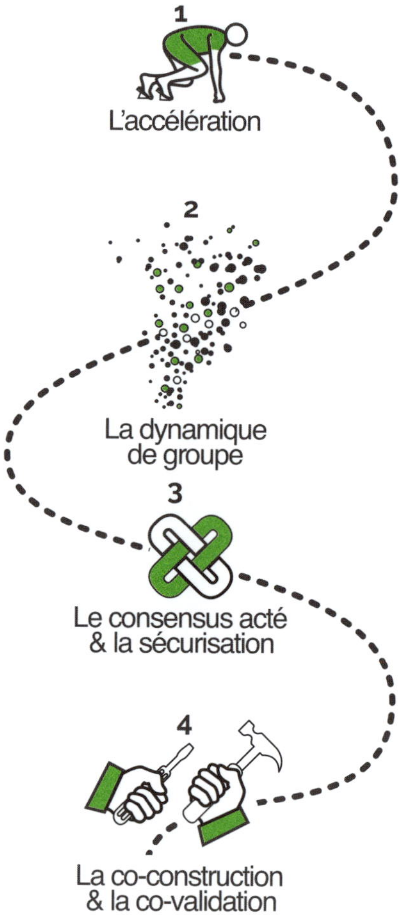

CYCLE LONG, CYCLE COURT. En entreprise, il existe plusieurs modèles de production d'un projet, d'un produit ou d'un service. Par exemple, lorsqu'il s'agit d'un projet informatique ou digital, la mise en œuvre peut se faire soit en cycle long, soit en cycle court. Le cycle long ou mode traditionnel répond aux besoins de stabilité ou de maintien des systèmes d'information par exemple. Le cycle court ou mode exploratoire permet de répondre aux besoins d'immédiateté de plus en plus exigeants et aux problématiques nouvelles d'innovation. Il permet la mise à disposition rapide d'un produit basique et fonctionnel auprès du client.

1 INNOVER AUTREMENT POUR ÊTRE *TIME-TO-MARKET*

POURQUOI LE *TIME-TO-MARKET* EST-IL INCONTOURNABLE ?

TIME-TO-MARKET. Le *time-to-market*, ou encore délai de mise sur le marché, est le temps moyen écoulé entre la génération d'une idée et sa commercialisation. Il permet de mesurer la capacité de l'entreprise à mettre en œuvre des innovations. La gestion du processus de développement produit garantit le contrôle et la prévision juste du *time-to-market* et ainsi de lancer un produit au bon moment et au bon endroit.

Avec les moteurs de recherche et les outils digitaux, nous sommes entrés dans l'ère de l'immédiateté. L'instantané est devenu la normalité. Le monde est devenu impatient. Le client aussi.

L'entreprise s'inscrit dans ce nouveau contexte. De nos jours, le cycle de vie d'un produit ou d'un service se raccourcit. Les gens changent de tout très vite : télévision, téléphone, voiture, décoration. Ils déménagent, ils divorcent… Cette fluidité et cette volatilité requièrent des entreprises une adaptation rapide dans un monde qui change et un accompagnement de la transformation des modèles de notre propre trajectoire comme de nos existences.

Comme toutes les entreprises ont en permanence besoin de renforcer leur position par rapport à leurs concurrents, elles ont en permanence besoin d'innover. C'est-à-dire de mettre sur le marché quelque chose de nouveau, d'utile à leurs clients et au bon moment. Il est plus que jamais essentiel d'anticiper la demande pour être *time-to-market*. Cet élément majeur de différenciation aux yeux des clients constitue un avantage concurrentiel décisif. Cette dimension requiert également une autre philosophie : **avoir la volonté de tester, c'est-à-dire ne pas avoir peur d'oser et apprendre de ses erreurs.** C'est pour illustrer cette notion de *time-to-market* que nous aimons proposer l'exemple du gobelet.

EXEMPLE

L'ÉVOLUTION DU GOBELET

Rares sont désormais les lieux publics ou les entreprises dans lesquelles nous ne trouvons pas de machine à café ou à boisson chaude. Cela n'a rien d'un hasard. Ce sont les premiers distributeurs automatiques à avoir été inventés. Un marché qui aujourd'hui ne représente pas moins de deux milliards de gobelets annuels. Avez-vous déjà imaginé combien d'essais il a fallu à l'inventeur du distributeur de café pour trouver la bonne forme de gobelet ?

Une chose est sûre, le tout premier gobelet n'était pas parfait. Nous imaginons bien que lors des premiers essais, le récipient étant le même que celui des boissons froides et le café sortant trop chaud, le gobelet se déformait, notamment au niveau du culot. Le second prototype était donc fait d'un plastique plus rigide. Seulement voilà, lorsque le testeur portait le gobelet à sa bouche, il se coupait légèrement les lèvres. Il a donc été décidé de faire un rebord à ce gobelet. Néanmoins, toujours impossible de récupérer la boisson dans le distributeur sans se brûler les doigts. Le troisième prototype fut donc équipé d'une couche d'alvéoles afin d'isoler les doigts de la chaleur. Ce Minimum Viable Product (MVP) ou Produit Minimum Viable n'était pas parfait, mais il était *time-to-market* ! L'entreprise a osé le lancer et il a rempli sa fonction minimum, à savoir délivrer quelques millions de litres de café.

Depuis, les normes environnementales ont poussé les entreprises à proposer un gobelet en carton recyclé ou recyclable. Ce gobelet se dote également d'un couvercle pour emporter sa boisson et répondre à la mobilité contemporaine. Il est plus facilement imprimable et donc plus facilement porteur de pub. Il arrive fréquemment de trouver des tickets de réduction sur les gobelets en carton de certains fast-foods.

MINIMUM VIABLE PRODUCT (MVP). Le Minimum Viable Product ou Produit Minimum Viable est une stratégie de développement de produit, utilisée pour de rapides tests de mise sur le marché d'un produit ou d'une fonctionnalité. Cette stratégie a été popularisée par Eric Ries pour les applications Web. Elle est utilisée aujourd'hui pour le développement de nouveaux business models et nouveaux produits.

Comme l'illustre l'exemple du gobelet, être *time-to-market* induit parfois la nécessité de lancer un produit rapidement, un produit qui n'est pas parfait, mais qui correspond bien aux attentes clients. Or, il n'est pas si évident de concevoir un produit ou un service si rapidement.

LE DROIT À L'ERREUR

Proposer un parcours toujours plus fluide au client final est l'une des autres motivations qui poussent les entreprises à innover. Cependant, il n'est pas toujours évident de créer et de mettre en place de nouveaux services rapidement pour de grandes entreprises dont la structure et le fonctionnement sont régis par des processus très ancrés. Le sujet de l'innovation est encore plus complexe à creuser lorsqu'il s'agit de réfléchir à l'amélioration du service au client dans une entreprise qui n'accède à son client final que par le biais d'un intermédiaire (*Business to Business to Consumer*). Par exemple, l'entreprise qui fournit l'eau potable au consommateur est

> **« Test fast, fail fast, adjust fast.**
>
> **Tom Peters**

rarement en contact direct avec celui-ci. C'est la commune qui choisit le fournisseur et gère les contrats de distribution de l'eau. La consommation d'eau, elle, est comprise dans les charges payées par les propriétaires ou les locataires.

> **BtoBtoC.** Le *Business to Business to Consumer* désigne un domaine d'activité dans lequel, un produit ou service est d'abord vendu à des entreprises avant d'être revendu par ces dernières à des clients particuliers dans le cadre d'une prestation ou d'un service.

Les entreprises du secteur de l'énergie et de l'industrie sont régulièrement confrontées à ce problème délicat.

CAS D'ENTREPRISE

PROPOSER DES SERVICES INNOVANTS À L'UTILISATEUR FINAL DANS LE SECTEUR DE L'ÉNERGIE

Une grande entreprise du secteur de l'énergie a tenté de répondre à cette question lors d'un *boot camp* regroupant des collaborateurs des différents départements du groupe : ingénieurs en recherche et développement, département marketing, département innovation, achats... L'idée de départ consistait à proposer un nouveau service aux consommateurs de gaz en bouteille. En effet, il n'est pas rare en France d'avoir une cuisinière au gaz en dehors des zones qui disposent du gaz de ville. Le consommateur se procure alors une bouteille de gaz dans une station-service. Quelle que soit la marque, elle est distribuée par des enseignes possédées par les pétroliers ou la grande distribution. En somme, par des intermédiaires. Comment alors proposer un nouveau service au client final ? Et comment s'assurer que le client final identifie bien ce service comme un service de la marque et non de l'enseigne qui la distribue ?

L'un des besoins du client final, identifié par la marque, est la difficulté de connaître en temps réel la quantité de produit qu'il reste dans la bouteille, d'où une forte tendance à stocker plusieurs bouteilles de gaz, ce qui représente un risque potentiel en cas d'incendie.

Lors du *boot camp*, plusieurs solutions ont été identifiées par les participants, notamment l'idée d'un objet connecté grâce auquel le client pourrait questionner en temps réel le niveau de gaz restant dans la bouteille à l'aide de son smartphone. Dans le même esprit qu'une imprimante qui commande automatiquement et de manière autonome une nouvelle cartouche lorsqu'elle détecte que le niveau est bas, cet objet a pour fonction d'alerter le consommateur lorsque le niveau de gaz est trop faible. L'objet connecté s'adapte à tous les types de bouteilles, qu'elles soient vendues par l'énergéticien ou par la concurrence et évite les contraintes réglementaires liées à de tels contenants en termes de sécurité et de transport de matières explosives. Par ailleurs, du point de vue de l'entreprise, il enregistre le niveau de chaque bonbonne sur lequel il est fixé, permettant une meilleure connaissance de sa clientèle et de ses habitudes de consommation.

Dans une démarche de *test & learn*, un premier prototype a été testé afin de valider l'appétence des clients au service tout en limitant les coûts. En complément de ce service, l'entreprise a lancé des études sur un système de réapprovisionnement automatique : lorsque le client reçoit une alerte lui indiquant que le niveau de gaz est trop faible, la livraison d'une nouvelle bouteille est également proposée. Puisque cet objet connecté est conçu pour s'adapter à tout type de bonbonne, l'énergéticien est en capacité de proposer un réapprovisionnement, ce qui lui permet d'entrer en contact avec son client sans intermédiaire.

Ce projet, encore à l'état de test, montre la nécessité pour de grandes entreprises industrielles, souvent vues comme peu innovantes, de proposer une expérience inédite au client. À plus long terme, ces innovations peuvent aussi les pousser à se réinventer, passant d'une stratégie de vente de produits à une stratégie de proposition de services.

Dans un souci d'innovation permanente, le Design Thinking est un bon moyen de repenser les cycles de création et de management de l'offre : d'en accélérer la mise au point et le développement par l'intervention, dès l'amont, d'équipes multidisciplinaires orientées expérience client.

2 | ALLIER DESIGN DE L'EXPÉRIENCE ET INNOVATION

DÉCOUVRONS LE DESIGN DE L'EXPÉRIENCE !

De nos jours, les entreprises font face à un marché dominé par l'expérience dans lequel les enjeux de la compétitivité se transforment.

Qui n'a pas entendu parler de « l'effet Waouh » ? Ce fameux concept marketing qui désigne le fait d'aller au-delà de la satisfaction client et de provoquer l'étonnement pour « réenchanter » le consommateur.

Désormais, une entreprise n'a plus les mêmes relations avec ses clients. Ces derniers sont passés d'une relation passive à une relation proactive : ils s'informent, interagissent plus facilement avec la marque (ATAWAD : *Any Time, Any Where, Any Device*). Ils sont plus avertis, ils usent de leur pouvoir de recommandation : ils sont partie prenante de communautés de « consomm'acteurs ».

> **ATAWAD (*ANY TIME, ANY WHERE, ANY DEVICE*).** L'acronyme ATAWAD est une marque déposée par Xavier DALLOZ depuis 2002. Il est généralement utilisé pour désigner la tendance selon laquelle les individus souhaitent de plus en plus pouvoir accéder à un contenu, une information ou une offre marchande quel que soit le moment, le lieu ou le mode d'accès (TV, ordinateur, mobile, tablette, console, etc.).

La transformation du marché implique un renouveau du marketing : il ne s'agit plus de développer des produits ou des services mais de créer une véritable expérience : émotionnelle, personnalisée, unique.

L'expérience client désigne l'expérience globale vécue par le consommateur tout au long de son parcours. C'est sa perception et son ressenti vis-à-vis de l'ensemble des interactions avec l'entreprise, le produit ou le service.

Pourquoi choisir le Design Thinking ? Parce qu'il s'ancre dans l'observation des comportements clients. Et cette démarche de scrutation est particulièrement utile lorsqu'il s'agit de renouveler un concept pour l'adapter à de nouveaux comportements.

EXEMPLE
L'ÉVOLUTION DU SECTEUR DU CINÉMA

Au milieu des années 1990, UGC, acteur majeur du paysage cinématographique français, crée en France des salles d'un nouveau genre, conçues pour décupler le confort, le plaisir et les émotions du public. Le concept consiste à faire des cinémas de véritables centres de vie, de culture et de divertissement. Ce nouveau « complexe » est issu de l'analyse des nouveaux comportements des spectateurs, notamment d'une combinaison entre l'analyse des nouvelles habitudes de consommation du cinéma aux États-Unis et de l'écoute attentive des clients et des employés de ce lieu de divertissement : caissières, hôtesses, vendeuses de confiserie… De toutes les constatations est née une évidence : repenser le modèle de la salle de cinéma pour offrir une expérience globale et plus seulement un ticket d'entrée pour voir un film auquel s'ajoute, éventuellement, la consommation de confiserie… L'expérience commence au moment du choix du film dans la file d'attente et se poursuit avec le choix du pop-corn ou de la boisson, de même que dans la salle (confort du siège, écrans géants, son Dolby Surround…). Un client vite servi et bien servi est un client heureux. À l'époque, un caissier doit faire entrer 800 personnes dans une salle en moins de 20 minutes. Inutile de préciser qu'une caisse adaptée (moins de combinaisons de touches, impression rapide…) est nécessaire pour atteindre cet objectif… Partir des besoins client et collaborateur est le premier facteur de réussite de la démarche Design Thinking.

De nos jours, avec l'arrivée de nouveaux acteurs comme Nespresso, mettant à disposition du grand public des services de haute qualité à des prix abordables et assurant aux clients une expérience optimale, les standards d'attente, quant à la qualité des services délivrés, ont énormément augmenté. Cette évolution concerne l'ensemble des secteurs d'activité, d'autant plus dans les domaines qui se situent à l'opposé du divertissement : celui de la santé comme, par exemple, dans les milieux hospitaliers.

CAS D'ENTREPRISE

À L'ÉCOUTE DES ATTENTES EN MILIEU HOSPITALIER

Le service public de santé apparaît comme une des principales préoccupations des Français, santé et qualité des soins devenant le deuxième sujet de préoccupations, après l'emploi. Retenons que la qualité est le principal critère pour le choix d'un établissement hospitalier, alors que la proximité géographique est le moins important. En effet, si la majorité des personnes interrogées considèrent que les urgences nécessitent une prise en charge la plus rapide possible, dans le cas d'interventions uniques et spécialisées, la proximité n'est pas décisive. Dans tous les cas, la nette majorité des personnes tient au libre choix du médecin et de l'hôpital.[1] Par ailleurs, les points forts de l'hôpital public auxquels les Français accordent le plus d'importance sont la qualité des soins, dimension qui contribue le plus à leur satisfaction globale, et l'accueil du patient. Enfin, il est à noter que les dimensions de délais d'accès aux soins ainsi que la disponibilité du personnel médical et soignant, ont un fort impact sur la satisfaction globale.[2]

Or, cliniques, maisons de santé et hôpitaux sont des lieux dans lesquels les patients et leurs proches se rendent par nécessité. Ils sont la plupart du temps perçus comme des milieux froids où il est difficile de se repérer, le tout favorisant un sentiment d'anxiété et d'appréhension. Outre la qualité de la prise en charge et des soins, les établissements de santé se doivent désormais de se différencier par une image attractive.

1. Baromètre des hôpitaux et cliniques de H+, 2016.
2. Kantar TNS Sofres, Les Français et l'hôpital, 2012.

Les indices fonctionnels (soins dispensés, procédures) étant relativement similaires d'un établissement à un autre, les acteurs du secteur se concentrent de plus en plus sur l'amélioration des services non médicaux afin d'augmenter la satisfaction.

La démarche Design Thinking centrée sur l'empathie, l'écoute et l'observation client, est alors d'un grand secours pour mieux comprendre les attentes des patients et de leurs proches, identifier les points de tension et déterminer des leviers d'action pouvant influencer positivement leur parcours et donc leur expérience.

Dans cette démarche d'écoute, différentes stratégies ont été adoptées en fonction des établissements : interviews des patients, observation des comportements… Mais l'approche la plus aboutie reste celle qui consiste à réunir le personnel médical et les patients lors d'ateliers de co-création afin d'échanger sur différentes problématiques et d'améliorer le parcours hospitalier.

D'abord éprouvée aux États-Unis, la démarche Design Thinking a permis à plusieurs hôpitaux d'adopter une posture résolument tournée vers le patient afin d'améliorer l'expérience de ce dernier. En France, les Centres Hospitaliers Universitaires (CHU) ont vu leurs services entièrement créés ou réorganisés afin de les rendre plus fonctionnels et adaptés, aussi bien aux besoins des patients qu'aux besoins du personnel soignant.

Là où les méthodes de conception traditionnelles se trouvent dépassées, le Design Thinking donne l'opportunité d'entrer dans le design de l'expérience.

L'ENSEIGNEMENT DES MODÈLES ÉMERGENTS

Connaissez-vous le point commun entre iTunes, Airbnb, Facebook, Uber, Twitter, Blablacar ? Airbnb vend des nuitées sans être propriétaire d'un seul appartement, Blablacar et Uber vendent des trajets sans posséder un seul véhicule, Facebook et Twitter sont les médias privilégiés de l'échange de contenus sans en produire aucun… Ces entreprises n'ont pas de stock propre mais elles sont toutes des symboles du triomphe du modèle économique basé sur l'expérience client.

Leur second point commun est d'avoir créé un modèle innovant, et même plus : un modèle qui n'existait pas auparavant (pas sous cette forme). Ces nouveaux modèles ont tous en commun de « faciliter la vie ». Besoin d'une voiture ? Finies les longues attentes sous la pluie avant de voir passer un taxi (occupé). En quelques clics, le trajet est réservé, la voiture est arrivée, le paiement est assuré, et c'est souvent moins cher ! Finalement, il suffisait d'y penser… ou d'écouter la voix du client !

Alors finalement, pourquoi eux et pas vous ?

QUELLE EST LA PLACE DE L'EXPÉRIENCE CLIENT DANS L'ENTREPRISE ?

D'abord, pour la plupart des entreprises, l'expérience client, bien que de plus en plus considérée, est envisagée comme un énième projet au lieu d'un changement de point de vue. Il ne s'agit en aucun cas d'avoir bonne conscience par la mise en place d'un programme ou d'un département « expérience client », mais d'un changement culturel fort au sein des organisations.

> **“ Customer service is not a department, it's an attitude.**
>
> **Mo Hardy**

Ensuite, l'entreprise va tout faire pour tordre son modèle en partant du processus Métier existant (de gré ou de force), au lieu d'adapter le modèle aux attentes exprimées par le client. Il est illusoire d'engager des ressources pour faire évoluer un processus établi, essoufflé, qui s'enfonce irrémédiablement dans les mêmes ornières, plutôt que d'oser une nouveauté disruptive reposant sur la réalité du client (*son* temps réel). Le Design Thinking est un moyen simple, collaboratif, humain d'engager les équipes vers d'autres horizons sans chercher (l'œil dans le rétroviseur) pourquoi et à cause de qui le vieux système obsolète ne fonctionne plus.

> **PROCESSUS MÉTIER.** Représenter un processus Métier consiste à schématiser un ensemble d'activités organisées dans le temps, qui produisent un résultat précis et mesurable. Un processus Métier peut ainsi viser à décrire précisément les différentes étapes (ou tâches) d'un service au sein d'une entreprise. Par exemple, la description de toutes les étapes de constitution et de validation d'un dossier de demande de prêt, de la rencontre avec le conseiller à la remise des fonds.

Enfin, parce qu'il ne suffit plus de vouloir « satisfaire » le client : il faut aller au-delà. La réalité du client est devenue celle du Web social. Il faut qu'il nous recommande, qu'il nous note (TripAdvisor) ou qu'il nous « like » (Facebook).

Mais comment proposer au client une expérience toujours plus exceptionnelle ? Comment mettre en place une stratégie qui garantisse « l'effet Waouh » ? Comment savoir à quel niveau l'entreprise se situe sur l'échelle de l'expérience client ? C'est tout l'intérêt de la pyramide de l'expérience client.

QUE REPRÉSENTE VRAIMENT LA PYRAMIDE DE L'EXPÉRIENCE CLIENT ?

La pyramide de l'expérience client, dite aussi *CX Pyramid*, a été proposée par Gartner Inc.[1] Elle est construite sur le même principe que la pyramide de Maslow qui hiérarchise cinq niveaux de besoins humains. La pyramide de l'expérience client, elle, décrit et ordonnance six niveaux d'expérience auxquels répondent les entreprises. Ces strates sont classées par ordre croissant d'impact sur la perception du consommateur.

1. Gartner Inc. est une entreprise américaine de conseil et de recherche dans le domaine des techniques avancées (évaluation, acquisition, développement de projet, de mesures et de gestion technologique) dont le siège social est situé à Stamford, Connecticut.

PYRAMIDE DE MASLOW. Il s'agit d'une classification hiérarchique des besoins humains. Maslow distingue cinq grandes catégories de besoins, de la base au sommet :

1. Les besoins physiologiques
2. Le besoin de sécurité
3. Le besoin d'appartenance
4. Le besoin d'estime
5. Le besoin de s'accomplir

Il considère que le consommateur passe à un besoin d'ordre supérieur quand le besoin de niveau immédiatement inférieur est satisfait.

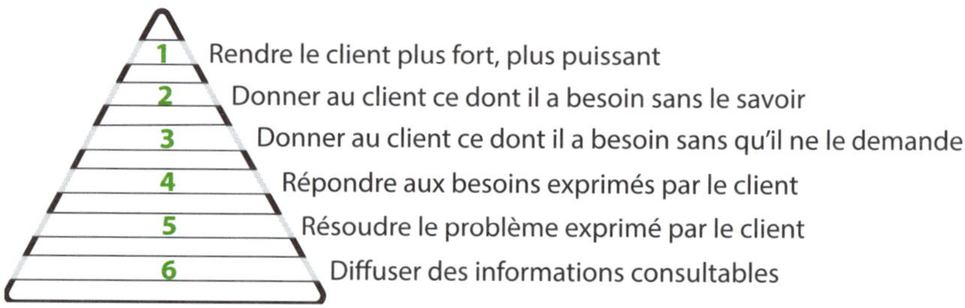

La pyramide de l'expérience client

Cette pyramide se lit habituellement de bas en haut : traditionnellement l'entreprise commence par la base (**6**) et essaie ensuite petit à petit de grimper les échelons en améliorant l'expérience client jusqu'au sommet (**1**).

6. Diffuser des informations consultables : cette étape constitue la base, elle n'est qu'informative. Par exemple, proposer un mode d'emploi. L'entreprise n'engage aucune relation humaine avec le client.

5. Résoudre le problème exprimé par le client : cette étape se limite à la résolution du problème du plus grand nombre sans distinction, sans chercher à aller plus loin dans l'expérience. Par exemple, proposer un produit de remplacement au client qui signale un produit défectueux.

4. **Répondre aux besoins exprimés par le client :** résoudre un problème n'est pas répondre à un besoin. Par exemple, proposer un produit de remplacement au client.

3. **Donner au client ce dont il a besoin sans qu'il ne le demande :** il s'agit là du premier niveau qui va au-delà de la simple réponse au besoin du client. Anticiper le besoin du consommateur permet de lui montrer que l'entreprise le connaît et le reconnaît, de créer une relation de confiance et d'enrichir l'expérience client. Par exemple, faire gagner du temps au client qui vient pour un changement de pneus en proposant de procéder dans le même temps à la révision d'un véhicule, parce que la date est proche.

2. **Donner au client ce dont il a besoin sans le savoir :** cette étape entre dans une nouvelle phase de l'expérience client : il s'agit de proposer le bon produit ou service, au bon moment, à la bonne personne. Dans cette phase, la relation se renforce. Elle est basée sur la confiance, la connaissance et le relationnel. Si certains attribuent en premier lieu cette capacité à l'humain (le sommelier d'un restaurant étoilé qui propose le meilleur choix de vin à son client en fonction de ses goûts ou des plats qu'il vient de choisir), les nouvelles technologies Big Data proposent une approche basée sur l'analyse profonde de données, afin de prédire les comportements des clients.

1. **Rendre le client plus fort, plus puissant :** le sommet représente « le top » de l'expérience. Il s'agit plutôt d'un idéal que d'une réalité et seules quelques entreprises atteignent ce niveau. Les exemples les plus célèbres sont Google ou Apple, qui ont respectivement révolutionné les usages du Web et du mobile. C'est la capacité d'un produit ou d'un service à fournir au client la sensation d'avoir un « super-pouvoir ».

Et si nous explorions cette pyramide avec un regard neuf ? Au lieu de commencer par le bas et de gravir les échelons de (**6**) à (**1**), pourquoi ne pas, à l'inverse, commencer directement par la pointe ?

En effet, les entreprises championnes de l'expérience client ne partent pas de la perception de l'existant, mais d'une compréhension fine du besoin client. Précisons que **« innover », c'est proposer une idée que le client n'a peut-être pas encore : le besoin client recouvre non seulement les attentes exprimées par le client, mais plus encore « ce dont il a besoin sans le savoir ».** Le rendre plus fort et plus puissant consiste alors à valoriser sa confiance et le lien émotionnel établi avec la marque. Par exemple, en lui proposant de participer activement à la conception d'un produit ou d'un service, voire d'en devenir l'ambassadeur. Cela consiste certainement à lui proposer une expérience différenciante, disruptive.

Ascension de la pyramide de l'expérience client par la face Nord

LA TENDANCE DU « DISRUPTIF »

Méfions-nous des modes. Que celui qui n'a pas entendu au moins dix fois le mot « disruptif » cette semaine lève la main ! Si tel n'est pas le cas, c'est que vous n'avez ni TV, ni mobile, ni journaux, ni collègues de bureau !

C'est quoi, être « disruptif » ?

> **DISRUPTIF.** Dérivé du latin classique *dirumpere*, « briser, faire éclater, rompre ». Qui tend à une rupture, qui sert à rompre.

Il ne faut pas innover pour innover mais se renouveler en fonction de l'expérience client attendue. Innover, c'est introduire du neuf dans quelque chose qui a un caractère bien établi. En d'autres termes, c'est oser aller vers l'inconnu. Ce n'est pas forcément être en totale rupture.

Reprenons l'exemple d'Airbnb ou de Blablacar : sont-ils vraiment 100 % nouveaux ? En cherchant bien, ne sont-ils pas une version bien plus moderne d'un modèle presque oublié : les petites annonces ? Ce qui les rend innovants ou « disruptifs », c'est la transformation d'un modèle ancien *via* des contextes nouveaux : technologiques, usages des réseaux sociaux, transports low cost, immédiateté, etc. Personne ne les avait jamais utilisés comme ça auparavant, pas dans le milieu des services, pas sous forme industrialisée, et pas à l'échelle internationale.

Il faut savoir aller chercher ailleurs les idées qui feront le modèle innovant de demain. Faire du benchmark des concurrents ou de l'*upgrade* des processus organisationnels ne suffit plus. Il faut savoir regarder au-delà de son propre marché (secteur d'activité, pays, concurrence…), s'ouvrir sur l'inconnu, sortir des sentiers battus, s'affranchir du cadre pour être à la pointe, parfois également aller jusqu'à se mettre en rupture avec l'existant pour être innovant, prendre le risque de s'écarter du modèle connu pour *créer* un modèle nouveau. C'est une aptitude à faire le deuil de l'existant qui se révèle être une zone de confort. Osez y aller !

3 | LE DESIGN DE L'EXPÉRIENCE COLLABORATIVE

ÉVOLUER... OU MOURIR

Pour une entreprise, innover, c'est oser aller vers l'inconnu. Répondre à de nouveaux clients ou à d'anciens clients qui ont de nouvelles habitudes nécessite de maîtriser ou de créer de nouveaux canaux, de nouvelles techniques, de nouvelles compétences, une nouvelle organisation… L'entreprise doit s'en donner les moyens.

> **« Les espèces qui survivent ne sont pas les espèces les plus fortes, ni les plus intelligentes, mais celles qui s'adaptent le mieux aux changements.**
> **Charles Darwin**

À tort ou à raison, les grands groupes souffrent d'une image d'inertie, d'illisibilité, de pesanteur. Parfois, l'arrivée de l'innovation par le design de l'expérience y fait figure de météorite. Mais il existe déjà – nous en sommes la preuve – de nouvelles manières de se lancer et d'innover.

Face au monde mouvant, il faut sortir d'un dilemme qui s'énoncerait ainsi : voir les start-up industrialiser des idées innovantes ou se contenter de se nourrir de leurs contributions. Et si nous inventions une troisième voie ?

L'ESPRIT START-UP ET LA CONSTRUCTION COLLABORATIVE

Inspirons-nous de l'énergie qui irrigue la Silicon Valley et ambitionnons de faire évoluer nos modes de pensée et nos façons de travailler. Ensemble, avec les atouts de chacun.

L'esprit start-up, c'est celui de la modestie, de la remise en cause permanente : on teste, on se plante, on change… C'est également celui du risque : si on ne tente rien, on n'obtient rien.

> **« Une des compétences les plus importantes à développer est d'être à l'aise dans l'inconfort.**
> **Stéphane Biso**

C'est également une foi indéfectible en l'avenir : « On n'est pas à l'abri d'un succès. »

Enfin, l'esprit start-up, c'est retrouver le bonheur d'apprendre dix, vingt, trente choses nouvelles par jour à travers et avec ses collègues, ses collaborateurs, dans un esprit de camaraderie. À défaut de suivre son instinct, il est possible de suivre celui des collaborateurs talentueux qui constituent l'entreprise et fourmillent de bonnes idées inspirées de leur propre vécu. C'est d'ailleurs pour eux une découverte enrichissante que d'apprendre à connaître leurs métiers respectifs, de mettre leurs compétences en commun, et de déceler leur complémentarité. Ce sont ces mêmes collaborateurs qui, valorisés par le fait qu'on leur demande leur avis et qu'on les ait réunis pour penser « en lieu et place » du client, seront à même de mettre en œuvre opérationnellement les concepts issus de la réflexion collaborative.

En somme, soyons sérieux sans nous prendre au sérieux.

L'HUMAIN AU CENTRE

S'il est tendance de faire preuve d'empathie et de remettre le client au cœur de l'expérience, il est essentiel de mettre le collaborateur au centre de l'entreprise et de la démarche.

Certes, l'entreprise n'est rien sans ses clients, mais surtout elle n'est rien sans ses forces vives. D'ailleurs, le client fait de plus en plus attention au bien-être de son interlocuteur en tant qu'employé de l'enseigne qu'il a choisie.

D'après notre expérience, la créativité n'est pas un don dévolu à quelques personnes. Qui n'a jamais entendu parler des « créa » comme d'une espèce rare ? C'est un préjugé ! Chacun peut être créatif. Il suffit d'exprimer ses idées ou de rebondir sur celles des autres. D'ailleurs, tout l'intérêt d'une séance de créativité réside dans la capacité d'un groupe à associer différentes idées. Il ne s'agit pas de conserver les idées d'une personne mais d'un collectif. Contrairement aux idées reçues, celles que l'on retient ne sont pas forcément celles de ceux qui s'expriment le mieux ou le plus fort. Il y a des talents qu'il faut savoir aller chercher.

> **« Cela n'a pas de sens d'embaucher des gens brillants puis de leur dire quoi faire. Nous embauchons des gens brillants pour qu'eux nous disent quoi faire.**
>
> **Steve Jobs**

Par exemple, dans un groupe de travail, il y a toutes les personnalités. Et ce sont ceux qui ne parlent pas d'emblée et qui observent, ceux qu'il faut aller chercher en les interrogeant qui font bien souvent preuve d'idées pertinentes, car ils écoutent attentivement les autres. Ce sont ces forces vives et cette intelligence collective qu'il est essentiel de mettre au service de l'avenir de l'entreprise et de l'innovation.

Après tout, qui mieux que nos collaborateurs pour révéler les attentes de nos clients et porter nos projets ?

Soyons pragmatiques : les collaborateurs vivent chaque jour les problématiques quotidiennes du client. Ces personnes ont à la fois la vision de l'expérience client et la connaissance du métier, des points de souffrance client et des points de friction dans les processus internes. Cette connaissance fait de chaque salarié un porteur de l'expérience client et un innovateur en puissance.

Cependant, de nombreuses entreprises, bien que conscientes de cette richesse, ont des difficultés à mettre en place une organisation qui facilite la mise en valeur de ces capacités. Une boîte à idées est un bon début mais ne suffit pas, surtout lorsqu'elle prend la poussière dans un coin, près de la machine à café.

Inspirons-nous de l'énergie qui irrigue la Silicon Valley. Si le modèle organisationnel des GAFA ne convient pas à toutes les entreprises du CAC 40, nous pouvons *a minima* en tirer quelques bonnes pratiques. Comment transformer les richesses individuelles en intelligence collective sans pour autant casser toute une organisation ?

> **GAFA.** L'acronyme GAFA ou GAFAM renvoie aux géants du Web américains les plus connus (Google, Apple, Facebook, Amazon, Microsoft), auxquels peuvent également s'ajouter Yahoo, Twitter, LinkedIn et d'autres. L'expression « géants du Web » (équivalente) fait référence aux mêmes entreprises du secteur informatique révolutionnant l'usage du Web (moteurs de recherche, stockage des données en ligne dit *cloud computing*, réseaux sociaux, etc.).

Là encore, le Design Thinking est d'un grand secours. Il permet de développer la transversalité dans des entreprises constituées de nombreux silos organisationnels. Il offre à des collaborateurs de départements qui ne sont d'ordinaire jamais en contact la possibilité de décloisonner les fonctions et d'échanger. Le Design Thinking permet de mieux travailler ensemble, d'ouvrir un espace où la mission l'emporte sur la fonction ou sur la hiérarchie, l'intelligence collective sur le *top-down*. C'est en outre un formidable vecteur de bien-être, de « réenchantement du collaborateur », de partage et de communication.

> ***TOP-DOWN.*** Dans le domaine du management, l'expression *top-down* désigne une approche de management descendant, c'est-à-dire où les informations et directives descendent de la direction. À l'inverse, une approche ascendante, de l'opérationnel vers la direction la plus haute, est dite *bottom-up*.

QUELLE PLACE DANS L'ENTREPRISE ?

La condition *sine qua non* pour implanter le Design Thinking en entreprise est de ne pas cantonner le design à un métier particulier mais de transmettre la culture du Design Thinking à tous les niveaux.

> **« Faire ensemble, faire confiance, faire simple.**
> Anonyme

Dans l'entreprise, le Design Thinking n'est pas un département, pas un service, pas une entité. C'est une Cellule autonome. De ce fait, la neutralité des Design Thinkers de la Cellule – animateurs et rédacteurs – est garantie lors des cycles de travail.

Surtout, tout le monde peut faire appel à la Cellule Design Thinking. Elle est rattachée au département qui a la connaissance Métier, du fait qu'elle intervient sur l'exploration de problématiques Métier, mais fait intervenir des équipes multidisciplinaires venues de tous les départements de l'entreprise, voire au-delà (autres entités d'un Groupe, experts externes, clients...).

> **MÉTIER.** Dans le domaine de l'entreprise, le terme « Métier » désigne généralement les départements ou personnes qui ont la connaissance du métier. On les nomme également parfois les « sachants ». Par exemple, les équipes marketing ou le réseau commercial, par opposition à d'autres départements dits support comme les services juridique, financier ou informatique.

Du fait que le Design Thinking est une approche fondamentalement multidisciplinaire et qui s'appuie sur la mise en commun des ressources, elle facilite la création d'espaces de *co-working*, de partage des savoirs, de co-création.

La création d'une Cellule Design Thinking doit être une initiative commune qui crée un langage commun et rassemble la connaissance collective pour atteindre un but commun.

2 CHAPITRE Comprendre le Design Thinking, étape par étape

Le Design Thinking est un formidable accélérateur de projets en entreprise. Mais en quoi consiste-t-il ? Quelles en sont les étapes et comment procéder pour réconcilier approche client et valorisation du collaborateur dans une dynamique d'intelligence collaborative ?

Découvrez tous les principes de l'approche pour ne rien manquer de chaque étape.

1 | C'EST QUOI ALORS, LE DESIGN THINKING ?

UN PEU D'HISTOIRE (VRAIMENT TRÈS PEU !)

Le Design Thinking que nous considérons aujourd'hui en France comme une révolution est un concept né aux États-Unis dans les années 1950… (Eh oui !) Dans l'univers de la publicité, Alex Osborn sensibilise le monde de l'entreprise à la pensée créative et collective par l'invention du *brainstorming*. Les prémices du Design Thinking sont là, même s'il ne sera théorisé qu'à partir des années 1960, à l'université de Stanford où le programme de Product Design se veut centré sur l'humain. Les théories sur le Design Thinking continuent d'évoluer jusque dans les années 2000 où son adoption se généralise dans les start-up et au cœur des entreprises américaines les plus innovantes. Le Design Thinking a grandi dans la Silicon Valley où Apple, Google, Intel, Twitter, Microsoft, LinkedIn, etc., le considèrent comme un véritable accélérateur de conceptualisation de projet et d'innovation. Cette démarche traverse la frontière jusqu'au Canada avant de faire le tour du monde : Asie, Australie et enfin Europe. Si le Design Thinking se diffuse d'abord en Allemagne, en Angleterre et aux Pays-Bas, son utilisation en France est rapide, d'où peut-être ce sentiment de nouveauté tendance.

Le Design Thinking est issu de la méthodologie du designer dans le sens où il s'agit d'observer le besoin du client ou de l'utilisateur final du produit ou du service afin de concevoir, puis de créer la solution qui répondra au mieux à ses attentes. Cette démarche est désormais étendue à d'autres secteurs d'activité qui appliquent la « pensée en mode design » pour enfin résoudre leurs problématiques.

> **UTILISATEUR FINAL.** Cette expression désigne la personne pour laquelle le produit ou service est conçu et qui en aura finalement l'usage. Par exemple, dans le domaine de l'hygiène, l'acheteur n'est pas toujours l'utilisateur final du produit. Lorsqu'une mère achète du gel douche pour son enfant, l'enfant est l'utilisateur final.

Comment cela se traduit-il ? Prenons l'exemple de l'observation et de la conception des parcours clients du consommateur.

CAS D'ENTREPRISE

LA NAISSANCE DES PARCOURS CLIENTS DANS LE RETAIL

Revenons en France dans les années 1960 où naît le premier hypermarché que l'on appelle à l'époque « grand magasin libre-service ». Il ouvre le 15 juin 1963 à Sainte-Geneviève-des-Bois (91) sous l'enseigne Carrefour et s'étend sur 2 500 m². C'est la première fois que l'on imagine le parcours client sur une telle surface. Les rayons sont alors conçus pour répondre aux besoins et à la logique du comportement d'achat de la ménagère des années 1960. Contrairement à aujourd'hui, la consigne des bouteilles en verre existe encore, comme chez nos voisins Belges ou Allemands aujourd'hui. La première étape du parcours est donc de déposer les bouteilles consignées contre de l'argent qui va ensuite permettre de faire en partie ses courses. En France, ce sont les bouteilles de vin qui sont consignées. Le rayon alcool se trouve donc naturellement à l'entrée du magasin. Dans certains hyper6marchés aujourd'hui encore, le rayon alcool occupe cette place historique en entrée de magasin : plus propice à l'achat d'une bouteille d'alcool fort (dont le prix est élevé) placée puis oubliée au fond du chariot, plutôt qu'en fin de parcours, lorsque le chariot est déjà plein et que la note s'annonce élevée.

Depuis les années 1960, les comportements d'achats ont évolué, les parcours clients proposés en magasin aussi. Qui ne connaît pas le monorayon d'un célèbre constructeur de meubles nordique ? Ikea propose en effet deux types de parcours : un parcours long qui invite le client à parcourir toutes les ambiances de la marque, ou le parcours court qui propose des raccourcis savamment dissimulés entre deux univers. Ou encore, dans le même esprit, le monorayon de la superette de

Center Parks qui vous oblige, si vous avez oublié le paquet de chips, à refaire tout le rayon dans l'autre sens ? Et donc à revoir tous les étalages sous un autre angle. C'est alors un véritable défi de ne revenir qu'avec le paquet de chips !

Chaque expérience client est fortement empreinte de son époque. La désintermédiation du shopping, la mobilité et le perpétuel va-et-vient des consommateurs d'aujourd'hui — entre la recherche sur leur smartphone et le plaisir encore tenace de la visite de magasin — font que notre époque est désormais très décorellée de l'expérience client des années 1990 et même des années 2000 où l'internet mobile déconstruit les modèles marketing. Le Design Thinking, par son agilité, permet de dépasser les anciens modèles pour proposer de nouvelles expériences. Il s'agit d'avoir un, deux, trois coups d'avance sur la demande client.

> **La plupart du temps, les gens ne savent pas ce qu'ils veulent avant que vous le leur ayez montré.**
>
> Steve Jobs

Bien qu'il s'agisse ici d'exemples marketing, le Design Thinking s'applique à bien d'autres domaines : sécurité, innovation technique, ressources humaines, etc.

Revenons cependant à sa mise en œuvre. Attention, car le Design Thinking est souvent défini comme un « processus », le nombre de ses étapes et leurs fonctions variant selon les auteurs et les écoles : au nombre de sept, cinq ou trois. En fait, leur nombre importe peu. Ce qui compte, c'est l'idée de cheminement et la manière dont les animateurs amènent les ateliers à leurs fins. Comme dans tout cheminement, les étapes s'enchaînent logiquement, mais elles ne doivent pas être considérées comme un processus linéaire. Avoir une démarche Design Thinking, c'est accepter de se tromper, de revenir en arrière, de faire des allers-retours entre les idées et les tests, de rebondir…

NOTRE VISION DU DESIGN THINKING

Vous l'aurez compris, il n'existe pas une définition unique, figée ou rigide du Design Thinking, pas de diplôme ou de certification comme pour les méthodes Lean Startup ou Agile.

LEAN STARTUP ET AGILE

Le Lean Startup est initialement développé en 2008 par Eric Ries sur la base de la pensée Lean dans des entreprises high-tech de la Silicon Valley. C'est une approche spécifique du démarrage d'une activité économique et du lancement d'un produit. Elle repose sur le *validated learning* (vérification de la validité des concepts), l'expérimentation scientifique et le design itératif. Elle tend à réduire les cycles de commercialisation des produits, à mesurer régulièrement les progrès réalisés et à obtenir des retours de la part des utilisateurs. Dans cette optique, les entreprises, en particulier les start-up, cherchent à concevoir des produits et services qui satisfont au mieux la demande de leurs consommateurs, avec un investissement initial minimal.

Le terme « Agile » définit une approche de gestion de projet informatique qui prend le contre-pied des approches traditionnelles de type cycle en V ou en cascade et propose au contraire davantage de visibilité, en impliquant le client du début à la fin du projet et en adoptant un processus itératif.
Dans le cadre d'un projet de développement logiciel, le client élabore sa vision du produit à réaliser et liste les fonctionnalités. Il soumet cette liste à l'équipe de développement en communicant directement avec elle. L'équipe sélectionne ensuite une portion des exigences à réaliser dans une portion de temps courte appelée itération. Chaque itération inclut des travaux de conception, de développement et de test. À la fin de chacune de ces itérations, le produit partiel mais utilisable est montré au client qui peut se projeter dans l'usage du produit et émettre des feedbacks précieux pour les futures itérations.
La première approche de gestion de projet de développement itératif date de 1986. Si la méthode Scrum, depuis sa première mise en œuvre en 1993, est la plus utilisée, documentée et éprouvée, il existe d'autres méthodes Agile parmi lesquelles eXtreme Programming, RAD, Chrystal Clear...

Le Design Thinking tel que nous le concevons, c'est de ne pas avoir peur d'apprendre en marchant (et en trébuchant), d'être « bien souple sur les pattes arrière » comme nous le préconisons à chaque atelier, d'extraire l'essence même du besoin client pour mieux y répondre, ou plus sérieusement, voici notre définition : **le Design Thinking est une démarche de co-création propice à l'innovation et centrée sur l'humain, client ou collaborateur**.

> **À cœur vaillant, rien d'impossible.**
> Jacques Cœur

Dans l'esprit start-up, le but est de réunir des équipes pluridisciplinaires pour co-construire les étapes clés d'un projet et parvenir ensemble à une solution palpable sous forme de maquette ou de prototype.

C'est un accélérateur permettant d'aboutir à des résultats concrets rapidement par l'exploration, l'idéation, le développement, le test et l'amélioration continue.

Le Design Thinking, c'est penser grand et faire simple, mais également rapide et pas cher. Et tout cela dans un esprit ouvert. L'esprit start-up ne correspond pas forcément à une bande de jeunes dont la moyenne d'âge est de 25 ans, habillés en tennis, sans cravate, sans bureau et sans moyen. Les cofondateurs de Cadre de Vie, lauréats du dernier hackathon auquel nous avons participé avaient une moyenne d'âge de 45 ans !

L'esprit start-up, c'est savoir se donner les moyens de valider un projet directement avec toutes les parties prenantes sans la nécessité de passer par plusieurs cycles de validations, de comités. Tout simplement parce qu'on a mis directement toutes les bonnes personnes et les valideurs pertinents autour de la table.

L'esprit start-up, c'est également parfois s'affranchir de plusieurs couches de managers et se donner le droit d'inviter jusqu'à la « petite main » pour réfléchir au nouveau produit ou service de demain, celui dont elle sera l'ambassadrice pour avoir été impliquée dès le début dans sa construction.

L'esprit start-up, c'est la co-création et le copartage des responsabilités, des échecs, de la réussite et du budget pour une collaboration constructive, intelligente, rapide, efficace. Nous sommes plus forts à plusieurs. Ce sont la confrontation des points de vue et l'ouverture d'esprit qui favorisent la créativité.

Enfin, c'est un état d'esprit où l'on ne considère pas que les rêves « peuvent » mais « doivent » devenir la réalité de demain. C'est pourquoi nous ne cessons de dire que **les rêves d'aujourd'hui doivent constituer la stratégie de demain**. Même s'ils ressemblent au premier abord davantage à de la science-fiction qu'à la réalité. Ne dit-on pas que parfois, la réalité dépasse la fiction ?

> **I have a dream.**
> Martin Luther King

La science-fiction amène également la créativité, et nombre d'inventions ou d'innovations d'aujourd'hui ont été d'abord imaginaires avant de se concrétiser, parfois à l'occasion d'une fiction ou d'un film.

Le Design Thinking représente l'ouverture d'esprit d'un enfant. Qui n'a pas dû refuser à ses enfants d'aller au « zoo des dinosaures » à la sortie de *Jurassic Park* ou dû expliquer que les *Toons* ne se promènent pas dans les rues comme dans *Qui veut la peau de Roger Rabbit* ? N'oublions pas que si George Lucas n'avait pas fait preuve d'autant de ténacité et de confiance en lui, *Star Wars* ne serait jamais sorti en 1977. Pourquoi ne pas imaginer demain qu'un ascenseur puisse déposer ses passagers directement devant leur bureau ? Pourquoi se limiter à déposer les personnes à un autre étage ? Pourquoi ne pas imaginer qu'un ascenseur puisse à la fois se déplacer verticalement et horizontalement ? Est-ce de la science-fiction ? Ou est-ce juste la manière de réfléchir à sa mise en œuvre ? En mettant tous les bons départements et les bons experts autour de la table, tout est possible : architectes, sécurité, juristes, assureurs, clients, etc.

> **« Le meilleur moyen de prévoir le futur, c'est de le créer.**
> **Peter Drucker**

EXEMPLE

DE LA SCIENCE-FICTION À LA RÉALITÉ

Souvenez-vous des drones promeneurs de chiens aperçus dans un célèbre film où le personnage principal retourne vers le futur… Même si la dénomination « drone » vient plutôt du secteur militaire, le grand public se l'est appropriée pour désigner ces petits objets électroniques volants de plus en plus familiers. Si la livraison de colis par drones ressemblait il y a peu encore à une utopie, voire à de la science-fiction, elle est devenue réalité en décembre 2016 avec le programme « Amazon Prime Air » qui a permis au géant du e-commerce de procéder à la première livraison d'un particulier à Cambridge en moins de trente minutes[1]. Une solution que Google teste également en collaboration avec l'agence fédérale de l'aviation américaine (FAA) dans le cadre

■■■

1. Curtis Silver, "Amazon Prime Air Delivery Drones Fly Into Our Hearts With A Package Of 5 Pounds Or Less", www.forbes.com, 15 décembre 2016.

d'un projet appelé « Wing »[1]. Et la France n'est pas en reste ! La Poste, elle aussi, a effectué sa première livraison le 14 décembre 2016 à des entreprises du Var installées en zone isolée[2]. Le drone est également en passe de devenir le premier relais de certaines compagnies d'assurances qui envisagent de l'envoyer directement prendre les clichés lors d'un sinistre automobile. Autre exemple : qui se souvient de *K 2000*, cette série des années 1980 où le personnage principal conversait avec l'ordinateur de bord de sa voiture à travers une montre ? L'ancêtre de la montre connectée ? Peut-être. Toujours est-il que désormais l'univers des montres et des objets connectés est devenu réalité. Quant à l'univers automobile, il n'est pas en reste. Si la voiture volante n'est pas d'actualité, bien que nous ayons largement dépassé la date du 25 octobre 2016 d'un *Retour vers le futur* imaginé dans les années 1980, la voiture autonome pose désormais davantage de questions du point de vue de la législation que de la faisabilité technique.

Néanmoins, après cette phase de lâcher-prise et de créativité, il s'agit de construire des maquettes et un livrable qui ancrent le projet dans la réalité et en décrivent la faisabilité réelle à court terme. Concrètement, cela signifie inviter des experts de tous les domaines à co-concevoir un projet au sens large : une stratégie d'entreprise, un programme, un outil, un produit, un service, etc. Cela se traduit par un ou plusieurs cycles d'ateliers courts (1 h 30 à 2 heures maximum), tous espacés d'une semaine pour permettre aux participants de s'enrichir et de prendre du recul entre deux séances. À l'issue de ces ateliers, le livrable final reprenant les points clés est co-validé par les participants. Il est ensuite diffusé à toutes les parties prenantes du projet jusqu'à la

> **Just do it.**
>
> **Nike**

1. « Project Wing : Google dévoile aussi des drones de livraison », www.futura-sciences.com, 30 août 2014.
2. « La Poste a livré son premier colis par drone », www.lefigaro.fr, 15 décembre 2016.

Direction générale et devient le document de référence, du lancement à l'aboutissement du projet.

MISES EN GARDE : CE QUE LE DESIGN THINKING N'EST PAS, LES PIÈGES À ÉVITER

Le Design Thinking doit venir accompagner n'importe quel projet ou sujet de manière à ce que l'impulsion initiale se passe au mieux. Et cela, dès le premier atelier Design Thinking, bien en amont du lancement d'un projet. C'est comme le décollage d'une fusée : le démarrage demande de l'attention, de la minutie et des préparatifs pour le *D-Day*, le jour du lancement. Ce n'est pas une mince affaire. Pour l'équipe d'animation, les premières minutes sont cruciales : elles permettent de pressentir l'ambiance et les gens dans la salle. Elles conditionnent la suite et annoncent si la trajectoire est bonne, si le casting est adéquat, si les travaux de préparation instaurent suffisamment la confiance dans l'équipe d'animation et mettent à l'aise tous les participants.

Deux pièges, notamment, privent irrémédiablement par la suite la démarche de ses bienfaits.

Conseil 1 : ne croyez pas que la démarche Design Thinking se réduit à des séances de créativité

La démarche Design Thinking ne se réduit pas à une ou plusieurs séances de créativité... Elle ne se limite pas à faire du *brainstorming*. Les outils du Design Thinking comme la réflexion partagée, le Post-it ou les dessins doivent être utilisés à bon escient et servir l'émergence d'idées réalisables. L'étape de créativité doit être immédiatement suivie de la co-construction d'un ou plusieurs prototypes.

Il nous arrive de faire du Design Thinking sans Post-it, sans *brown-paper*, sans tableau blanc. À ce moment-là, l'animateur debout tourne autour des tables, anime la discussion et aide à faire jaillir les idées des uns et des autres en vrac, mais de manière constructive. L'animateur peut lancer la séance à partir d'un jeu où les intervenants restent assis autour d'une table pour faire un tour de chauffe et favoriser ainsi la mise en ébullition des neurones.

Nous voyons de plus en plus de personnes se disant Design Thinkers parce qu'ils ont été formés à l'animation de groupe avec des Post-it. Non. Le Design Thinker amène du rêve, le Design Thinker fait décoller une fusée, le Design Thinker ne perd pas de vue son objectif : construire une vision partagée, définir un objectif commun, amener un dialogue et de la médiation, un débat ou une turbulence entre les différents départements de l'entreprise pour favoriser la dynamique de constructivité.

L'animateur doit prendre garde à bien respecter la logique de divergence, puis de convergence des idées. D'abord, il s'agit d'accompagner une phase de *divergence* qui stimule la créativité : l'échauffement, l'ouverture d'esprit, la génération d'idées jusqu'à la science-fiction, les rebondissements. Puis, après que le groupe de travail a bien phosphoré, le Design Thinker amène le groupe vers une phase de *convergence* pour aboutir à un produit viable : cadrage des idées, ordonnancement logique, réalisation de prototypes pour éprouver le concept, ajustements.

Le recours à une séance de créativité, si elle n'aboutit pas à un prototype ou à un produit concret très rapidement, se réduit à de l'animation de réunion. L'animateur d'un atelier Design Thinking pilote la réflexion. Il ne la téléguide pas mais cadre la séance. Il ne s'agit pas de faire de la psychothérapie de groupe et l'animation ne suffit pas si le résultat n'est pas tangible pour les participants.

Revenons ici sur la notion de *Minimum Viable Product*. Qu'il s'agisse pour l'entreprise d'une phase de réflexion stratégique ou d'une projection plus opérationnelle, la démarche Design Thinking doit toujours dégager de grandes idées dont la mise en œuvre opérationnelle est viable : celles qui constituent le Minimum Viable Product (MVP) ou Produit Minimum Viable.

C'est un produit ou service *minimum* du fait que ce produit ou service comporte le minimum de fonctionnalités nécessaires au client. Néanmoins, il est déjà *viable* puisqu'il comporte déjà *toutes* les fonctionnalités essentielles attendues par le client.

Qui n'est jamais tombé sur cette image en tapant « Minimum Viable Product » dans un moteur de recherche ?

La première ligne est correcte : deux roues seules ou une carrosserie seule ne constituent pas une voiture.

Pour ce qui est de la seconde ligne, à notre sens, elle ne constitue pas non plus une bonne représentation d'un MVP ! Pourquoi ? Chacun des produits représentés ici est un produit bien différent et bien distinct des autres, d'autant que chacun répond à des besoins d'utilisation différents. Leur seul dénominateur commun est d'être tous des moyens de locomotion qui emmènent leur utilisateur d'un point A à un point B.

Néanmoins, les véhicules Peugeot ont-ils été conçus à partir de la salière et de la poivrière de la même marque ? Évidemment non.

Le MVP d'une salière ou d'une poivrière, c'est proposer à l'utilisateur un objet qui distribue le sel ou le poivre. La salière de base, c'est celle qui distribue le sel en la retournant. Un modèle plus évolué propose de faire le mouvement de moudre grâce à un moulin, puis grâce à un moulin électrique, auquel on ajoute par la suite de la lumière… Ce sont bien là les évolutions du MVP. Mais quoi qu'il arrive, la nature du produit reste la même, le produit ne se transforme jamais.

EXEMPLE

« SI LE PLAN A NE MARCHE PAS, IL RESTE ENCORE 25 LETTRES DANS L'ALPHABET »

Le premier MVP de Henry Ford était un véhicule conçu rapidement, dans la droite ligne de notre vision du Design Thinking : penser grand et faire simple. Henry Ford a souhaité proposer une voiture pour le peuple : la première voiture accessible au plus grand nombre. Il fallait un produit peu cher et qui puisse se construire rapidement afin de répondre à la demande.

Saviez-vous que cette fameuse Ford T issue des premières chaînes de production doit son nom aux nombreux modèles qui l'ont précédée ? La première avait été dénommée « modèle A » et la dernière « modèle T », mais plusieurs des dix-neuf modèles produits jusqu'à la Ford T n'étaient que des prototypes. La « T » succédait à la « S », qui elle-même dérivait du modèle le plus vendu jusque-là, la « N ». Néanmoins, tous ces modèles comprenaient bien quatre roues, un châssis, un moteur, une direction, des freins…

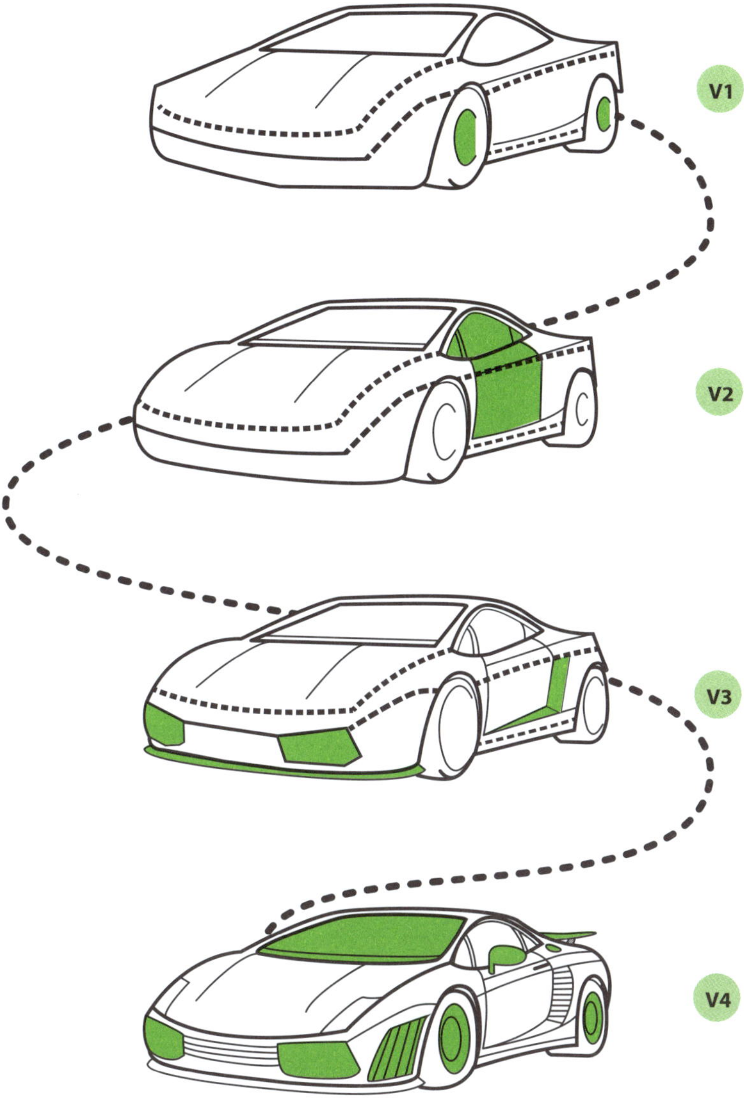
V1
V2
V3
V4

De la même manière, un *Concept Car* présenté au Salon de l'automobile est encore bien loin de la version du même véhicule dit « de série ». Aujourd'hui, les Designers et ingénieurs passent d'une esquisse à une maquette à l'échelle 1, puis au premier prototype. Pour preuve, un *Concept Car* présenté sur un salon n'a parfois même pas de moteur…

Chaque entreprise évolue dans une société où le comportement des personnes est spécifique à sa culture. Par exemple, si les vitres électriques font partie des fonctions proposées en série dans une voiture en France, elles sont encore en option sur de nombreux véhicules aux États-Unis, puisque la priorité est donnée à la climatisation disponible depuis des années sur les voitures d'entrée de gamme.

Si le lâcher-prise est essentiel, il faut également savoir cadrer la séance pour atteindre l'objectif cible, et suivre la bonne progression au fur et à mesure des ateliers. Pour autant, cadrer ne signifie pas être rigide.

Conseil 2 : restez souple, n'envisagez pas le Design Thinking comme un processus rigide

À l'inverse du lâcher-prise, certaines entreprises ont parfois fait du Design Thinking un « process » pour le rendre compatible avec leurs procédures ou leur culture. Ce qui était au départ conçu comme une démarche ou un cheminement est devenu, à tort, un processus linéaire fermé, une « méthode » dépouillée de désordre, de conflits, d'échecs, d'émotions et d'itérations propices à la créativité.

Il arrive fréquemment, alors que tout est minutieusement préparé et que nous sommes parés à toute éventualité – nous le redisons, chaque animation est préparée à la hauteur d'un lancement de fusée – de changer le cours de l'atelier : pour ne pas perturber, ne pas lasser, ne pas fatiguer le groupe. Les animateurs doivent rester à l'écoute du groupe de travail et savoir gérer les pics d'activité aigus comme l'effondrement de l'attention (avec un groupe de travail rappelant parfois un banc de carpes…).

L'animateur doit également s'efforcer de faire jaillir les idées de ceux qui n'ont pas l'habitude de prendre la parole en séance et offrir la parole à ces timides au bon moment. Il ne s'agit pas de psychothérapie, mais l'animateur doit être sensible à l'humain et déceler les comportements de ceux qui sont dans la salle. Certains disent que les animateurs sont comparables à des maîtres de cérémonie, à des clowns, ou au Monsieur Loyal de la piste du cirque. Si les participants ne savent jamais à l'avance où les animateurs les emmènent, le travail de ceux-ci est de mettre à l'aise les personnes engagées, de faire tomber les barrières des grades et des responsabilités. Notre rôle est de les porter au-delà des méthodes habituelles, au-delà des silos de l'entreprise et même de la transversalité. Notre rôle est de les amener à redevenir leurs propres clients. Un client qui, lorsqu'il arrive dans une mégapole, souhaite que l'ascenseur le dépose directement au pied de son bureau et pas seulement à l'étage 12. Le participant doit se mettre en position de client, pas d'un salarié de l'entreprise qui dirait : « Nous ne saurons pas faire » ; « Ça coûterait trop cher » ; « Ce n'est pas possible » ; « Ça n'existe pas » ; « Nous serions les seuls à le faire ». L'animateur est celui qui dit : « Et pourquoi pas ? ». Le premier à se lancer sera peut-être effectivement le premier à se planter. Néanmoins, il sera également le premier à tirer les leçons de son échec pour s'améliorer. Il sera en tout cas précurseur.

Comme toute discipline, le Design Thinking relève d'un savant équilibre : divergence / convergence ; lâcher-prise / contrôle ; créativité / cadrage ; penser grand / faire simple !

2 | LE DESIGN THINKING, ÉTAPE PAR ÉTAPE

Nous sommes à la fois convaincus de ce besoin de lâcher-prise qui repousse les limites de la créativité et du bien-fondé de la démarche Design Thinking dans toute sa dimension initiale avec une phase de divergence puis de convergence, à travers cinq étapes clés :

1. Découvrir et regrouper des compétences
2. Définir et axer sur le besoin client
3. Créer et stimuler l'intelligence collaborative
4. Maquetter et concrétiser l'idée
5. Tester et apprendre

1 Découvrir

Observer et écouter activement le client pour comprendre profondément le challenge

2 Définir

Axer sur le besoin client

3 Créer

Faire émerger la solution par une construction collaborative

4 Maquetter

Approfondir tous les aspects de la solution

5 Tester

Engager un processus d'amélioration continue

1. DÉCOUVRIR

La découverte est une étape qui intervient en amont des ateliers. Nous la considérons comme l'étape zéro. Bien qu'elle intervienne à «Temps Zéro» (T.0) avant même les ateliers, elle ne doit pas être sous-estimée. Elle est impérative car elle permet à l'équipe de plonger dans le sujet.

La phase de découverte

Il s'agit dans un premier temps de cerner l'idée ou le concept, de comprendre le besoin exprimé par le Métier, de comprendre le projet et la cible à atteindre.

Une première réunion à T.0 entre la Cellule Design Thinking d'une part et le Sponsor et le Project Leader d'autre part est essentielle à la préparation des ateliers qui constituent la phase suivante. En fonction des organisations, ils sont nommés « Sponsor » ou « Commanditaire », « Program ou Project Leader » ou « Responsable du programme ». Leur rôle est de porter le projet. Ils doivent être très vite identifiés par le Design Thinker. L'objet de cette réunion de préparation est notamment de dénombrer et de regrouper toutes les données et toutes les informations disponibles sur le sujet pour les partager : benchmarks, études, retours d'expérience, précédents projets avortés...

SPONSOR, COMMANDITAIRE, PROGRAM OU PROJECT LEADER. Le Sponsor est le commanditaire d'un projet ou d'un programme. Le Program ou Project Leader, Chef de projet ou Directeur de programme, pilote le projet et veille au respect des spécifications, des délais, du budget et des standards de qualité. Il anticipe les impacts et conduit le changement. Enfin, il prend les décisions nécessaires en respectant les impératifs, objectifs et contraintes.

Il est essentiel pour les animateurs d'arriver en séance avec une bonne compréhension du contexte et de la problématique. Si un maximum d'éléments doivent être apportés par le porteur du projet, les membres de la Cellule Design Thinking se doivent également d'explorer et d'entrer dans le vif du sujet par eux-mêmes : recherche documentaire, prospective, benchmarks, études de parcours client et des processus Métier existants, compréhension de la cible, appel au réseau et rencontres d'experts.

PROSPECTIVE. Ce terme désigne la science ayant pour objet l'étude des causes techniques, scientifiques, économiques et sociales qui accélèrent l'évolution du monde moderne et la prévision des situations qui pourraient découler de leurs influences conjuguées. Le créateur de la prospective est Gaston Berger. En entreprise, le terme « prospective » désigne les études prévisionnelles opérées en amont d'un sujet ou d'un projet.

Le premier objectif de l'animateur de la Cellule Design Thinking est de s'immerger dans le sujet pour mieux susciter ensuite l'inspiration lors des ateliers, de challenger, lancer ou relancer les débats.

L'importance de la sélection des participants

L'un des facteurs clés du succès de cette démarche est de veiller dès cette première réunion à réunir les bonnes compétences, à rassembler les expertises en faisant appel à tous les métiers concernés, ce que nous appelons les parties prenantes. Les équipes et les parties prenantes à solliciter sont différentes en fonction de l'avancée de la réflexion au sein de l'entreprise : s'il s'agit d'une phase très en amont, plutôt stratégique, ou d'une phase plus en aval où il est question de projeter la mise en œuvre opérationnelle, et bien entendu en fonction du sujet.

Pour constituer une bonne Pizza Team, l'ambition n'est pas de convier le plus de personnes possible, mais bien de convier des personnes motivées, quel que soit leur niveau hiérarchique ou leur département.

> **PIZZA TEAM.** Le concept de Pizza Team vient d'Amazon qui considère qu'une équipe efficace doit être composée au maximum de 8 personnes, nombre de personnes pouvant être nourries avec deux grandes pizzas.

Néanmoins, dans une grande entreprise où les équipes sont ultra-spécialisées, il est difficile de constituer un casting représentant les principaux métiers sans convier une quinzaine de personnes.

Le choix du casting se fait avec le Project Leader. Il s'agit là de sélectionner les personnes en capacité de traiter le sujet.

Lorsqu'elle est interne, la Cellule Design Thinking a déjà une bonne vision de l'entreprise et de ses différents interlocuteurs : ayant par ailleurs déjà plongé dans le sujet, elle est en mesure d'accompagner le Project Leader et d'être force de proposition. Néanmoins, le Project Leader reste garant du casting : c'est à lui que revient le rôle de valider la liste définitive et de solliciter les personnes concernées.

Les équipes sont volontairement multidisciplinaires, d'une part pour faciliter une prise de décision rapide et d'autre part pour favoriser le développement du réseau au sein de l'entreprise, pour que les parties prenantes d'un projet identifient rapidement leurs interlocuteurs.

Par exemple, il peut s'agir tout autant des experts de la connaissance du métier (animation commerciale, marketing produit, marketing client, etc.), des experts techniques (maîtrise d'ouvrage, maîtrise d'œuvre, production, sécurité informatique, prestataires), des experts de la conformité et du juridique, des ressources humaines, des métiers de la communication, des collaborateurs directement en contact avec le client (conseiller de clientèle, conseiller en centre d'appels, gestionnaire des réclamations clients, conseiller en service après-vente, etc.), sans oublier bien entendu les clients eux-mêmes.

> **CONFORMITÉ.** Dans le secteur bancaire, la « Conformité » correspond au département qui veille au respect de la législation et des normes réglementaires. Dans d'autres secteurs d'activité, cette mission peut par exemple être dévolue au service Qualité.

Moins de 8 personnes	Plus de 20 personnes	entre 8 et 20 personnes
✓ Équipe fragile aux événements extérieurs ✓ Manque de créativité	✓ Communication moins efficace ✓ Diminution de la cohésion ✓ Baisse de performance de l'équipe	✓ Fédérer l'envie de construire et entretenir un esprit Team Building

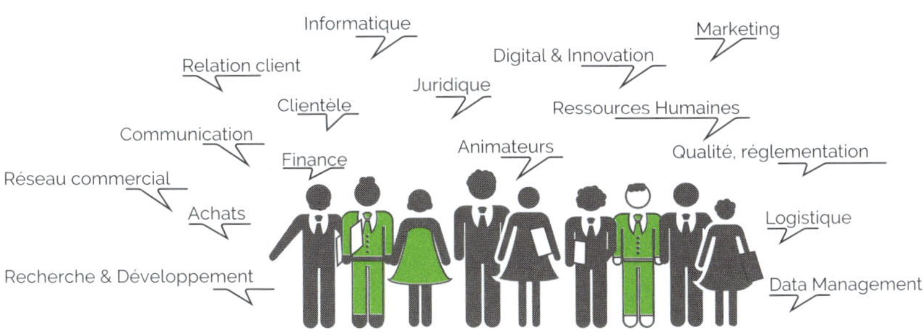

Créer une expérience client unique implique de casser les silos[1]. Les ateliers Design Thinking constituent donc un premier pas vers plus de transversalité dans le management. Il s'agit également de considérer que les employés travaillant en direct avec le client sont les plus importants à écouter. Ils doivent être valorisés parce qu'ils détiennent les réponses à apporter et qu'ils sont les premiers acteurs de l'expérience client. C'est pour cette raison que nous les privilégions ! Leur participation aux ateliers Design Thinking est systématiquement valorisée auprès des managers et de la Direction générale.

« DÉCOUVRIR » – L'ESSENTIEL

- Cette première étape est invisible du point de vue des participants. Elle doit néanmoins être minutieusement exécutée par l'équipe Design Thinking qui doit fouiller le sujet, explorer les pistes, se renseigner, faire des recherches (découverte, benchmark, prospective...). L'équipe et les animateurs doivent plonger dans le sujet pour commencer à se projeter dans les ateliers.
- Cette phase ne peut s'exécuter correctement sans l'apport du Project Leader. Son rôle de responsable doit se révéler dès la préparation des ateliers. Il doit apporter toute la lumière sur le contexte et l'origine du projet, avoir lui-même commencé à creuser son sujet. On attend de lui un objectif clair. Son rôle est également d'identifier les bons interlocuteurs, de les contacter afin de les impliquer et de les inciter à s'engager à participer.
- Cette phase est réussie lorsque le Project Leader a pris toute la dimension du sujet, s'est impliqué, et lorsque tout est fin prêt pour le lancement des ateliers.

1. Lorsque des entités ou services ou départements fonctionnent « en silos », cela signifie qu'ils fonctionnent en vase clos.

2. DÉFINIR

Du point de vue des participants aux ateliers, l'étape de définition est la première étape visible. Elle est incontournable car elle détermine la suite des ateliers. Elle est le fruit de l'étape précédente, autant du point de vue de la préparation que du point de vue du casting.

- Sur la forme, le premier objectif de l'animateur est de créer un climat de confiance et de mettre à l'aise les participants.
- Sur le fond, cette étape se concentre essentiellement sur la définition de l'objectif et doit cibler le besoin client.

La première séance détermine les suivantes

La première séance permet aux participants de se rencontrer pour la première fois. Elle permet à chacun d'évaluer ses homologues : qui est timide, qui est extraverti, qui parle beaucoup, qui parle peu ou pas du tout, qui est observateur, qui est perturbateur, qui est détracteur, qui n'y croit pas, qui est porteur…

Le rôle de l'animateur est de faire tomber les barrières, de favoriser les présentations entre les participants, d'inviter chacun à s'exprimer, d'amener le dialogue et le partage, de nouer une confiance entre les participants afin de les impliquer et de les porter vers un esprit d'équipe, mais aussi, à terme, vers l'autonomie de leur communauté.

Il est également celui qui présente la démarche, les règles du jeu. Par exemple, nous commençons toujours par une introduction à la démarche, indiquant que le but est de co-construire la Feuille de route du projet et d'acter un consensus. Nous indiquons que le tutoiement est de rigueur et montrons l'exemple pour favoriser les échanges et supprimer les rapports hiérarchiques. Nous ne connaissons pas d'équipe de rugby à quinze où les joueurs sélectionnés pour une Coupe de monde se vouvoient.

Fixer un objectif commun

> **« Tout objectif flou conduit obligatoirement à une connerie très précise.**
> **Frédéric Dard**

L'étape « définir » est le fruit de l'étape précédente. La compréhension du besoin du client permet à l'animateur d'amener le sujet. C'est à travers sa voix que le Sponsor transmet la problématique à résoudre.

En effet, optimiser l'organisation du Design Thinking nécessite un pilote compétent : le Sponsor ou le Responsable de programme. C'est à lui de définir des objectifs clairs, précis, datés. Il n'est pas rare de laisser la parole au Sponsor ou au Responsable de programme au moment de la présentation de l'objectif.

À l'issue du premier atelier, le groupe de travail partage le même niveau d'information et l'objectif à atteindre est co-validé. Il devient l'objectif commun, partagé par tout le monde.

L'observation et l'écoute active

Le but d'une entreprise est de fidéliser ses clients (au sens large, y compris ses prospects). Or, comment conquérir ou fidéliser un client lorsque les produits ou services proposés ne correspondent plus à ses besoins ? Lorsque les canaux utilisés ne correspondent plus à ses attentes ? Le Design Thinking nous invite à comprendre le client par l'empathie, c'est-à-dire non seulement à saisir ses attentes et ses idées, mais également à accueillir ses émotions, oser regarder de son point de vue, écouter le monde à partir de *sa* place. Il ne s'agit pas tant d'interroger les clients que de bien les observer lorsqu'ils utilisent (bien ou mal) le produit. Ils expriment des demandes, des soucis, évoquent des questions mal résolues par l'entreprise, des tendances d'évolution, des outils différents, des blocages aussi. Ils trouvent quelquefois des utilisations nouvelles aux produits existants. C'est certainement la meilleure source d'idées pour innover, car il s'agit d'idées qui correspondent à des besoins réels : le risque commercial de ces idées est réduit.

Néanmoins, cela ne suffit pas. Il faut impérativement pratiquer l'observation et l'écoute active. Cela concerne deux axes différents et non moins importants :

- d'abord l'écoute active et l'observation des comportements client ;
- ensuite, l'observation et l'écoute active entre les participants.

S'agissant de l'observation et de l'écoute active du client, toute entreprise qui souhaite répondre aux nouveaux usages de sa clientèle a naturellement tendance, dans le but de se renouveler ou d'apporter de la nouveauté, à repartir de l'existant pour l'améliorer. D'une part, parce qu'il est plus simple et moins coûteux de partir d'un produit ou d'un service qui a fait ses preuves. D'autre part, parce que l'entreprise souhaite montrer qu'elle est à l'écoute de ses clients qui expriment ce dont ils ne veulent plus. Ces mêmes clients qui ne sont pour autant pas capables de décrire exactement ce qu'ils veulent. Or ce sont bien souvent les produits et les services mis sur le marché qui changent leurs habitudes de consommation, rarement l'inverse. Mais comment proposer une nouveauté sans rompre avec l'existant ? Comment être innovant en repartant des mêmes travers ?

L'écoute active des doléances des clients et l'observation de leur comportement permet à la fois de tirer les leçons du passé, de concrétiser le présent et de penser le futur. **C'est cette approche centrée sur le problème plutôt que sur les solutions que privilégie le Design Thinking.**

Ne vous est-il jamais arrivé d'avoir pensé à une innovation avant qu'elle se présente sur le marché ? Ne connaissez-vous pas quelqu'un qui vous a un jour parlé d'un coussin gonflable pour amortir un impact avant la naissance de l'Airbag ? Ou qui vous a parlé d'un percolateur miniature pour servir un véritable expresso à la maison ? Il s'agit pourtant là d'innovations évidentes construites à partir de l'observation et de l'écoute active. Un rêve devenu réalité.

EXEMPLE

LE PAQUET DE CHIPS

Une marque britannique de chips a fait le buzz en réinventant le format de ses paquets pour convenir à son cœur de cible : la gent masculine. Pour cela, nul besoin d'avoir suivi les tendances du marché à grands renforts de veille stratégique ou d'investir des millions d'euros dans des études quantitatives, qualitatives ou l'observation ethnographique. Il a suffi de partir de simples constats :

- Le premier : les hommes ayant des mains plus larges que la gent féminine ou que les jeunes ados, nombre d'entre eux éprouvent des difficultés à atteindre les chips au fond du sachet.
- Le second : pour ceux qui y parviennent, la manœuvre implique de se salir la main jusqu'au poignet.
- Enfin, le terrain favori de consommation de ce produit étant le canapé face à une télévision immergée dans le noir, accéder à l'intérieur du paquet sans quitter l'écran des yeux devient un véritable sport !

Forte de ce diagnostic, l'entreprise a alors créé le premier paquet de chips avec ouverture dans le sens de la longueur, avec une capacité identique au format vertical grâce à son ouverture plus grande de cinq centimètres.

Cette simple évolution a généré un engouement médiatique de près de 200 000 vues sur le Web en moins d'une semaine. Du jamais vu pour un paquet de chips ! Cette ouverture révolutionnaire fait définitivement partie des innovations, évidentes *a posteriori*, auxquelles n'importe quel consommateur de chips aurait pu penser.

L'observation des comportements et des parcours client est la clé des innovations de demain. N'est-ce pas à partir de cette observation que les professionnels du transport améliorent en continu le parcours de leurs usagers ? Citons, par exemple, la SNCF qui ne cesse d'observer ses clients pour garantir à la fois leur sécurité et la fluidité de leur parcours. C'est ainsi que sont nés les guichets d'accueil différenciés, la réservation et l'impression de billets sur bornes en libre-service ou encore le billet électronique embarqué directement sur smartphone.

Si l'écoute client est essentielle, l'écoute active concerne également les participants entre eux lors des ateliers. Le rôle de l'animateur est de les amener à s'écouter et surtout à se comprendre entre eux.

Les banques reconnaissent aujourd'hui qu'il est essentiel de fluidifier et de simplifier non seulement le parcours du client mais également celui du conseiller. En effet, quoi de mieux qu'un conseiller qui est à même de se concentrer sur votre dossier parce qu'il a toutes vos informations en main pour répondre à vos questions ? C'est dans cet esprit de fluidité des échanges que certaines banques déploient de nouveaux modèles d'accueil de la clientèle en agence. De nouveaux objets connectés comme la tablette ont fait leur apparition. Les ateliers Design Thinking ont alors permis de résoudre les modalités de ce déploiement en associant à la fois les entités marketing et commerciales, les architectes et les experts techniques pour trouver ensemble des solutions. La force de la démarche a été d'amener les différentes entités à parler le même langage afin de proposer des solutions encore plus efficaces et plus rapides que ce qui était initialement souhaité pour le client !

« DÉFINIR » – L'ESSENTIEL

- Les trois objectifs de cette étape sont bien de créer l'unité, de fixer l'objectif commun et par là même de cibler le besoin client.
- Cette première étape (visible du point de vue des participants) correspond généralement au premier atelier, néanmoins il y a toujours des exceptions. Il peut arriver que ces objectifs ne soient pas tous atteints dès ce premier atelier. C'est pour cette raison que nous évoquons une « première étape » et non pas un « premier atelier ». Si tel n'est pas le cas, les efforts doivent se poursuivre sur les ateliers suivants jusqu'à ce que le déclic se produise.
- Ce passage est facile à déceler car c'est le moment où le groupe de participants se mue en équipe et prend le sujet à bras-le-corps. C'est le moment où l'équipe commence à porter les couleurs de l'entreprise dans un objectif très précis : chacun commence à sentir son rôle, sa responsabilité et son engagement dans la construction de cette nouvelle aventure. Personne n'est sélectionné par hasard. Personne n'est là juste pour du « y'a qu'à, faut qu'on ». Chacun prend la mesure du fait qu'il doit cosigner la Feuille de route finale, et donc engager son rôle, sa responsabilité, son entité. Le collaborateur est pris au sérieux, il est valorisé. Et c'est justement ça que l'animateur doit faire ressentir à chacun des participants. C'est bien l'équipe qui porte le projet : son échec comme sa réussite. L'esprit collectif doit être le même que dans une équipe de rugby. Il doit porter les mêmes valeurs : respect, partage, solidarité, responsabilité, coopération…
- L'animateur sait que le groupe entre dans la phase de création dès l'instant où les débats se créent et où il s'efface pour n'être plus que celui qui distribue la parole.

3. CRÉER

L'étape de création peut parfois intervenir dès le premier atelier. Une fois que l'objectif commun est défini, que la cible est claire, le rôle de l'équipe d'animation est alors de guider les débats et de favoriser la créativité par la proposition d'exercices et d'axes d'exploration. Le groupe de travail se tourne naturellement vers la recherche de solutions pour y répondre.

Faire émerger les idées

Plusieurs ateliers peuvent être nécessaires pour faire émerger une solution, au sens de réponse à la problématique, par une construction collaborative. Ils sont envisagés sous forme de laboratoire d'idées ou d'incubateur dans lesquels la libre expression permet aux membres du groupe de travail de phosphorer et de challenger leurs idées.

Le rôle de l'animateur est alors de lancer les personnes pour mieux développer les effets de synergie, les pousser à se décomplexer, à oser chercher les idées inédites, surprenantes, à sortir du cadre. Il peut également aider les participants à combiner, associer les idées entre elles, ou à être plus spécifiques, à approfondir certains points. Il doit rester vigilant à ne pas lasser.

Idéation, incubation et laboratoire d'idées

Les ateliers se suivent et ne se ressemblent pas. Il est important de recentrer le collaborateur sur la vision et l'expérience de l'utilisateur final, la plupart du temps, le client. Or, la co-conceptualisation de produits et services innovants peut parfois nécessiter un tremplin permettant aux idées de s'élever. Ce tremplin se formalise par la mise en place d'exercices de réflexion qui s'adaptent en fonction du sujet, du besoin et de la progression des ateliers. Il est alors possible d'inviter les participants à se mettre dans les souliers du client à travers des exercices comme celui de l'Empathy Map.

> **« Ceux qui pensent que c'est impossible sont priés de ne pas déranger ceux qui essaient.**
>
> **Anonyme**

Le fondement de la démarche Design Thinking étant d'être centré sur l'humain, il est évident que de nombreux exercices cherchent à permettre aux membres du groupe de travail de s'identifier au client ou à l'utilisateur. Il ne s'agit pas simplement de créer de la sympathie envers la personne, mais plutôt de la comprendre. C'est pourquoi il est important d'aller plus loin dans la démarche et de créer un sentiment d'empathie.

Alors que la *sympathie* se définit comme un sentiment de bienveillance ressenti pour un individu, l'*empathie* désigne la capacité de se mettre à la place d'autrui et de percevoir ce qu'il ressent. L'empathie permet donc aux participants d'un atelier de voir à travers les yeux du client ou de l'utilisateur final, de comprendre aussi bien son état mental que ses émotions, positives comme négatives ou encore ses croyances.

Pour ce faire, l'étude du terrain est la technique la plus adaptée. Les sciences humaines et sociales sont alors d'un grand secours : anthropologie, ethnographie, sociologie... L'apport des sciences humaines enrichit l'observation et la compréhension des comportements humains, des usages et des émotions. C'est un socle essentiel pour accompagner un client ou un utilisateur dont on ne sait rien à l'avance mais qui, comme chacun d'entre nous, participe d'un contexte social, culturel, imaginaire. Parmi ces outils méthodologiques, citons la « recherche utilisateurs » qui consiste à observer les comportements des individus *in situ* afin de comprendre et de déceler les besoins conscients et inconscients[1], par exemple les comportements observables tels que les difficultés rencontrées à l'usage, mais surtout la détection de ce qui n'est pas exprimé (aspirations ou intentions non contentées). Pour cela, trois prérequis :

- observer les personnes en conditions réelles ;
- interagir avec elles en les interrogeant lors de rencontres planifiées ou non ;
- s'immerger afin de vivre par soi-même leurs expériences.

> **« L'imagination est plus importante que la connaissance. La connaissance est limitée alors que l'imagination englobe le monde entier, stimule le progrès, suscite l'évolution.**
>
> **Albert Einstein**

1. Anne-Sophie Prévost, « Les sciences humaines et sociales, grandes alliées du design », www.designinnovation.be, 2016.

Cependant, ce type de démarche requiert plusieurs semaines de travail. Or, l'obligation de tenir les délais, les questions de coûts ou simplement la structure interne de l'organisation ne permettent pas toujours d'engager de telles études.

Heureusement, d'autres moyens existent afin de reproduire cette démarche d'observation et d'immersion, des outils plus simples dans leur mise en place telle que l'Empathy Map qui vise à une compréhension approfondie de l'autre.

L'Empathy Map

Cet outil collaboratif consiste à entrer dans l'intimité des clients et utilisateurs afin de déterminer comment leur écosystème impacte leurs attentes et leurs besoins, notamment vis-à-vis du service ou produit qu'offre l'organisation.

Cet exercice permet également de mettre en exergue leurs points de souffrance comme leurs frustrations, leurs peurs ou leurs réticences. C'est l'opportunité d'identifier d'éventuels points de blocage.

Il s'agit là de faire intervenir, autant que faire se peut, vos clients ou utilisateurs, soit à partir d'une étude basée sur des entretiens qualitatifs, soit en proposant à des clients de se joindre au groupe de travail afin d'y répondre directement en séance, méthode que nous privilégions pour l'interaction et le partage des émotions.

Communément, l'Empathy Map consiste à mettre le client ou utilisateur en situation, et s'articule autour de six axes qu'il faut décrire à l'aide de questions complémentaires :

1. **Décrire l'environnement du client ou utilisateur :**

À quoi ressemble votre environnement ? Que voyez-vous ? Qu'est-ce qui vous entoure ? Quelles offres / quels outils vous sont proposé(e)s ?

2. **Décrire comment l'environnement influence le client ou utilisateur :**

Quel est votre entourage (collègues, amis…) ? Que vous dit ou vous suggère votre entourage ? Quels canaux de communication vous influencent le plus ?

3. **Déceler ce qui se passe dans l'esprit du client ou utilisateur :**

Quelles sont vos préoccupations ? Qu'est-ce qui est le plus important pour vous ? Que ressentez-vous ? Êtes-vous confronté à une personnalité bloquante pour vos projets ? Qu'est-ce qui vous empêche de dormir ? Quels sont vos rêves ou vos aspirations ?

4. **Observer l'attitude et le discours du client ou utilisateur :**

Quel est votre comportement ? Votre attitude ? Comment réagissez-vous ? Que dites-vous ? Qu'est-ce que vous ne dites pas ? Avez-vous des gestes de rassurement ? Êtes-vous compulsif vis-à-vis de votre smartphone ?

5. **Déceler les points de souffrance du client ou utilisateur :**

Quels sont les obstacles, les risques ou les freins que vous percevez ? Que craignez-vous ? Rencontrez-vous des frustrations ? Avez-vous peur de l'échec ?

6. **Déceler les gains, les plus-values visées par le client ou utilisateur :**

Quel est votre objectif ? Quels sont les gains que vous attendez ? Quels sont vos critères de réussite ?

Voici un exemple de l'Empathy Map classique :

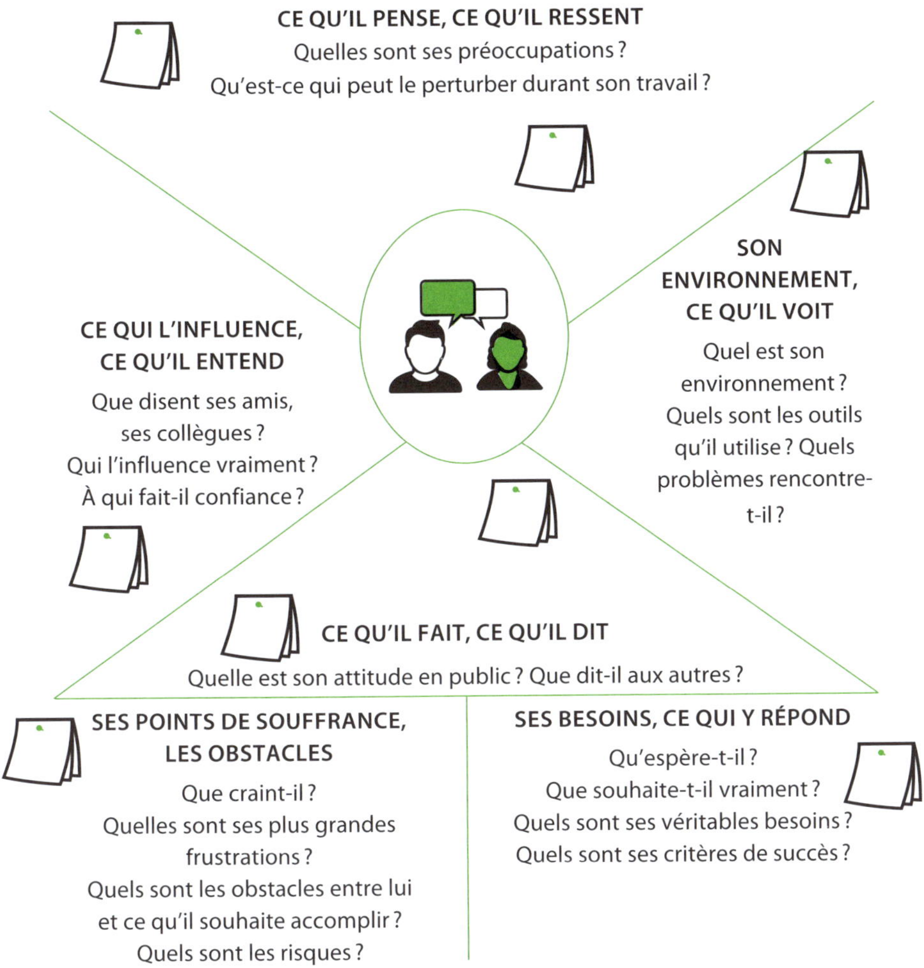

Toutefois, à l'image de notre approche, l'Empathy Map n'est pas un outil figé. L'un des nombreux intérêts du Design Thinking réside dans la possibilité de personnaliser les exercices afin d'adapter les ateliers en fonction de la problématique et des objectifs fixés.

Ainsi, il est possible de spécifier les questions à un contexte donné. Bien que généralement utilisé dans un contexte BtoC, l'Empathy Map peut être modulée afin de répondre à une problématique BtoB.

> **BtoC ET BtoB.** Le BtoC (*Business to Consumer*) désigne le commerce de détail. Le BtoB (*Business to Business*) désigne l'activité commerciale inter-entreprises, c'est-à-dire les activités pour lesquelles les clients et prospects sont des entreprises. Par nature mal connue du grand public et parfois des étudiants marketing, l'activité BtoB représente cependant des volumes d'affaires très nettement supérieurs à ceux de l'activité commerciale s'adressant au consommateur final.

Voici par exemple une Empathy Map personnalisée et mise en place dans le cadre d'une problématique d'amélioration de l'environnement de travail du télévendeur :

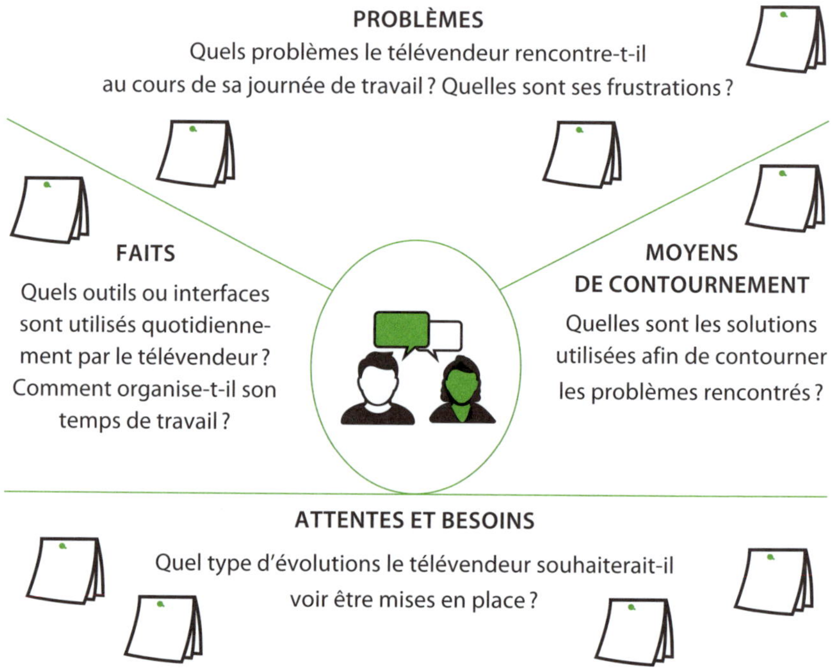

Si cet exercice répond bien à l'intention d'améliorer un environnement existant, il prend en compte le ressenti du client ou de l'utilisateur dans sa globalité. Il existe également d'autres outils ou exercices qui permettent d'appréhender l'expérience vécue par le client ou l'utilisateur au cours des différentes étapes de son parcours. Nous faisons ici référence à l'Experience Map[1].

L'Experience Map

Cet outil dynamique permet en effet de représenter l'expérience du client au travers des différentes étapes de son parcours de consommation, en isolant pour chacune d'elles :

- les actions qu'il entreprend ;
- les questions qu'il se pose ;
- les bons moments ;
- les irritants qu'il peut rencontrer.

Ce faisant, le groupe de travail évalue le positionnement de l'entreprise et converge vers l'identification d'axes d'amélioration.

L'Experience Map se modélise sous la forme d'une matrice qui peut se décliner pour chaque persona identifié préalablement.

> **PERSONA.** Une ou un persona, du verbe latin *personare* (*per-sonare* : « parler à travers »), est une personne fictive stéréotypée. En marketing, elle représente un groupe cible dans une stratégie de marché. En ergonomie informatique, elle représente un utilisateur fictif utilisé dans la démarche de conception.

L'Experience Map reprend les rubriques suivantes :

- **Horizontalement**, inscrire les grandes étapes qui, de préférence, doivent correspondre aux principaux moments de vie du parcours client à traiter :

1. L'Experience Map serait issue du monde du design des services, et du service *blueprint* proposé par Lynn G. Shostack dans son article « Designing services that deliver », *Harvard Business Review*, 1984.

Comme l'illustre l'exemple que nous vous proposons ci-après, lorsqu'il s'agit pour une banque de réinventer les parcours de crédit immobilier, il est plus judicieux d'orienter la réflexion sur ce que fait le client lorsqu'il souhaite acheter un bien immobilier, que de se focaliser exclusivement sur les interactions qu'il a avec la banque dans le cadre de sa souscription de crédit.

Ainsi, l'idéation s'ouvre à des étapes souvent négligées par les entreprises que sont l'avant (ici, la recherche d'un bien immobilier) et l'après consommation (ici, l'emménagement dans le bien nouvellement acquis).

- **Verticalement**, pour chaque étape du parcours, renseigner :

Actions

Les actions : les démarches que le client effectue pour franchir chaque étape de son parcours et les moyens et canaux qu'il utilise pour y parvenir.

Questions

Les questions : interrogations, inquiétudes et doutes que le client peut avoir.

Bons moments

Les bons moments : les bonnes surprises, attentes et souhaits du client.

Irritants

Les irritants : les motifs d'insatisfaction ou de découragement du client.

Positionnement

Le positionnement : le niveau de l'entreprise quant à la manière dont elle gère chaque étape du parcours.

Améliorations

Les améliorations : les opportunités et les évolutions pour améliorer l'expérience client, en réponse aux attentes et points de souffrance du client identifiés préalablement.

Voici, par exemple, une Experience Map en trois étapes que les participants sont invités à compléter par des Post-it sur le thème « Améliorer l'expérience client et prospect sur le crédit immobilier » :

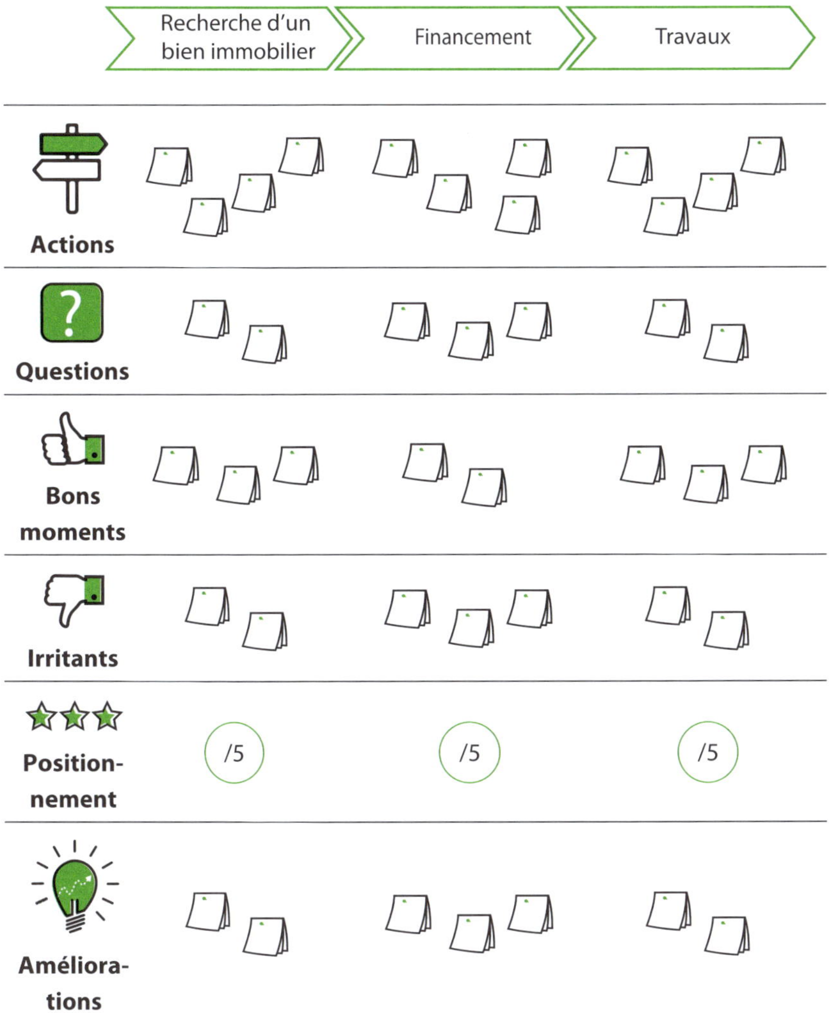

Ci-après, quelques idées et formulations extraites des Post-it collés par les participants :

	Recherche d'un bien immobilier	Financement	Travaux
Actions	Je me renseigne en ligne sur les biens et ma capacité d'emprunt	Je compare et choisis mon financement	Je cherche un prestataire pour refaire les plans de ma maison

Questions	Comment être sûr que mon crédit sera suffisant pour cette maison ?	Quelles différences entre ces produits ?	Qui peut m'aider à rénover ma maison ?
Bons moments	On me vient en aide proactivement	J'ai peu d'informations à fournir	Je suis accompagné dans l'aménagement de mon nouveau « chez moi »
Irritants	Je dois récupérer mes informations via plusieurs sources	Je dois aller en agence pour mes pièces justificatives	Je n'avais pas prévu un tel investissement
Positionnement	0/5 !	3/5 !	1/5 !
Améliorations	Simulateur de capacité d'emprunt	Ajout en ligne des documents	Visite en 3D de la maison

Cet exercice illustre bien l'observation et l'écoute active du client qui permet aux participants de toujours garder en vue l'expérience utilisateur à chaque étape de son parcours: ses actions, les questions qu'il se pose, les bons moments et les irritants qu'il va retenir. Du point de vue interne, cela permet aux collaborateurs de sortir de leur zone de confort et des procédures pour prendre du recul et remettre en perspective le vécu réel du client.

Cependant, une fois l'Experience Map réalisée, l'histoire ne s'arrête pas là! Elle n'est que la première étape du processus de réflexion qui doit permettre aux participants, d'abord d'analyser le positionnement de l'entreprise et d'identifier les améliorations à apporter à chaque étape du parcours, puis de projeter leurs moyens de mise en œuvre opérationnelle.

Il est courant pour la réalisation de cet exercice de faire appel à des *personae*. Néanmoins, à moins d'un blocage du groupe de travail, nous préférons ne pas y recourir afin de mettre en lumière les expériences *réelles* de toutes les personnes présentes dans la salle. En effet, rares sont les personnes qui ne sont pas déjà clientes d'une banque.

L'avantage de convier des équipes multidisciplinaires est d'avoir dans la salle un vivier de personnes qui proviennent de suffisamment d'horizons différents pour pouvoir elles-mêmes représenter les différentes clientèles de l'entreprise.

Il est également possible d'intégrer des personnes de l'extérieur à l'incubateur afin de créer d'autres synergies ou alchimies payantes. Par exemple, des start-up pour leur esprit libre, différent, sans limite, ainsi que des étudiants d'écoles de commerce ou de design, baignant dans les nouvelles technologies et dans leur quotidien de «djeunes». N'oublions jamais qu'ils représentent les futurs acheteurs de nos produits et services.

Transformer les contraintes en opportunités

> **« Évitez les gens négatifs : ils ont toujours un problème pour chaque solution.**
> **Proverbe**

À l'opposé de nos confrères anglo-saxons, notre culture française a tendance à nous pousser à voir d'abord nos problèmes, nos contraintes, nos limites, les risques, au lieu de penser en termes d'opportunités. L'un des avantages de connaître ses limites, c'est d'apprendre à les dépasser ! Selon nous, les échanges en atelier doivent également permettre de prendre conscience des contraintes de l'autre et de rebondir pour les transformer en opportunités à saisir pour innover.

EXEMPLE
TRANSFORMER UNE CONTRAINTE RÉGLEMENTAIRE EN OPPORTUNITÉ

Les expériences dans le domaine de l'alimentaire et de la grande distribution constituent un exemple probant. D'une contrainte réglementaire est née une opportunité, transformant la mise à disposition de la composition des produits – notamment les ingrédients allergènes – en facteur de renforcement de la confiance du client.

À l'origine de ce projet : l'obligation réglementaire relative à l'information des consommateurs sur les denrées alimentaires et sur les substances ou produits provoquant des allergies ou intolérances. Le projet connaît dès le début une forte mobilisation de toutes les parties prenantes : à la fois des Directions Commerciale, Merchandising, Marketing Produits, Marketing Marque, Packaging, Qualité Produit, Qualité Emballage, Achats ou encore Marketing Digital.

Il est alors convenu de mener des ateliers Design Thinking afin de porter le projet : à la fois sur la modification de toutes les étiquettes de l'ensemble des produits concernés, et sur le canal digital, où il est également décidé de faire apparaître la liste des ingrédients, leur origine et le lieu de fabrication du produit. Les délais sont courts et les interlocuteurs multiples, mais les avantages de la démarche sont de faire s'exprimer tous les acteurs du projet et d'obtenir des décisions co-validées rapidement. En outre, de permettre à tout un chacun de comprendre les processus de fonctionnement des autres départements et de se projeter rapidement sur du concret avec des maquettes d'étiquettes et, sur le canal digital, des prototypes de l'onglet « ingrédients » qui seraient proposés au client.

Au terme de la phase de planification stratégique du programme, le bilan est largement applaudi du fait de l'avance tant en nombre de produits identifiés au regard des délais impartis, que du respect des coûts annoncés. Il en est de même pour l'aspect qualitatif, puisqu'il s'agit d'un projet qui, à la fois, apporte plus de transparence, simplifie la lecture et le choix pour les clients et renforce leur confiance en l'enseigne qui entraîne un large plébiscite.

Ce que les parties prenantes retiennent de cette expérience ? C'est la rapidité et l'efficacité de la démarche pour exprimer, rendre concret et décider.

Néanmoins, lorsque la séance ne permet pas une prise de décision immédiate, la question nécessite d'être portée lors d'instances ou de réunions parallèles.

> **« Ce n'est pas parce que les choses sont difficiles que nous n'osons pas... C'est parce que nous n'osons pas qu'elles sont difficiles.**
>
> **Sénèque**

Les réunions complémentaires et les cas d'usage

L'avantage des ateliers Design Thinking est de mettre tout le monde d'accord et de permettre le même niveau d'information. Cependant, lorsqu'un point fait débat ou lorsqu'il nécessite une étude plus fine, ou l'intervention ponctuelle d'une expertise tierce, il est préférable d'organiser un atelier complémentaire. Le but de ces ateliers est de trancher ou d'explorer un point plus efficacement et d'apporter par la suite la solution en plénière.

Ces ateliers complémentaires peuvent également être le lieu d'étude de cas d'usage plus précis ou de parcours client dans le détail.

EXEMPLE

UN TCHAT POUR ACCOMPAGNER LES CLIENTS

Une enseigne de la distribution spécialisée a mené une réflexion sur la mise en place d'un tchat pour accompagner ses clients dans leur navigation sur son site e-commerce. Le but des ateliers Design Thinking était de projeter la stratégie de mise en œuvre opérationnelle pour ce nouvel outil. Or, si les cas d'usage étaient essentiels pour alimenter la réflexion, ils ne pouvaient être explorés en session plénière, notamment parce que cette étude elle-même nécessitait plusieurs séances dédiées.

L'un des premiers exercices proposés aux collaborateurs consistait à prendre conscience, voire pour certains d'entre eux, à découvrir le parcours digital du client. Bien qu'intervenant peu de temps après la mise en ligne du nouveau site pour les clients, les irritants décelés lors de cet atelier étaient bien réels. Les ateliers parallèles ont donc permis de comprendre les ruptures dans le parcours du client en ligne. Des ruptures qui n'existaient pas, par ailleurs, dans le parcours du client en point de vente, notamment parce que le client était accompagné par les vendeurs en magasin sur la démonstration des produits, le conseil ou l'aide à la décision. Les ateliers dédiés aux différents cas d'usage ont donc permis d'alimenter la réflexion et de déterminer à partir de quels comportements une fenêtre de tchat pourrait apparaître afin de proposer de l'aide aux clients.

Pour être efficaces, les ateliers parallèles doivent impérativement être organisés et se tenir en présence du porteur de projet. Les résultats de ces ateliers parallèles doivent en outre être rapportés lors des ateliers Design Thinking. Ils doivent pour cela se tenir entre deux ateliers. Il serait contre-productif de les organiser en aval des ateliers Design Thinking, surtout si l'on considère le risque d'invalider un point d'engagement du groupe de travail.

Au contraire, lorsque ces ateliers sont menés en parallèle des ateliers Design Thinking, ils peuvent permettre de valider un point spécifique et de faire avancer d'autant la réflexion et la Feuille de route finale. C'est le cas, par exemple, pour la validation d'un aspect juridique (validation des mentions légales à faire apparaître sur un site et de leur placement dans l'arborescence), pour la validation des aspects économiques ou de la rentabilité d'un projet (création d'un *business case* ou validation d'un scénario de rentabilité du projet), pour les aspects de gouvernance ou de capacité à faire des différents acteurs d'un projet.

« Un pessimiste voit la difficulté dans chaque opportunité, un optimiste voit l'opportunité dans chaque difficulté.

Winston Churchill

« CRÉER » – L'ESSENTIEL

- Les objectifs de cette étape sont de faire émerger les idées, de placer les participants en situation de réflexion, d'idéation, d'incubation, d'identifier les contraintes et de les transformer en opportunités – autant que faire se peut.

Cette étape peut se découper sur plusieurs ateliers et n'est pas linéaire. Qu'il s'agisse d'une problématique stratégique ou opérationnelle pour l'entreprise, elle doit partir du besoin client et du collaborateur se replaçant en position de client. Cette étape n'est pas terminée tant que tous les axes de réflexion n'ont pas été abordés.

- Le rôle de l'animateur est d'amener tous les participants à s'exprimer, de guider les débats sans les contrôler, de proposer des exercices adaptés à la problématique pour favoriser l'immersion dans le sujet, le rebond entre les idées, l'intelligence collaborative. Il est parfois nécessaire de prévoir des réunions ou des ateliers complémentaires pour explorer un point précis ou un cas d'usage. Le rôle de la Cellule Design Thinking n'est plus alors d'animer ces réunions parallèles. C'est au porteur de projet de s'assurer de la tenue de ces réunions. Néanmoins, la Cellule Design Thinking veille à la restitution des échanges parallèles afin de nourrir le débat et de maintenir le groupe de travail au meilleur niveau d'information.
- L'étape de créativité se nourrit également des itérations avec les étapes « maquetter » et « tester ». Elle n'est terminée que lorsqu'interviennent les prises de décision et que le consensus est acté par le groupe de travail.

4. MAQUETTER

Concrétiser l'idée

L'une des clés de voûte de la démarche Design Thinking est de pouvoir très rapidement construire une maquette.

Il existe différents types de maquettes qui peuvent aller du croquis au prototype UX très abouti. Une maquette ne doit pas être préparée hors séance et uniquement soumise pour approbation. Les participants risqueraient de la rejeter, se sentant exclus du processus de construction. Il est essentiel d'associer les participants à sa construction en

> **« Entre ce que je pense, ce que je veux dire, ce que je crois dire, ce que j'ai dit, ce que tu as envie d'entendre, ce que tu entends et ce que tu comprends, il se peut qu'on ait des difficultés à communiquer, mais essayons quand même !**
> Bernard Werber

séance. Le premier jet peut être travaillé à partir d'éléments de base : dessiné au tableau avec des marqueurs par exemple, afin de travailler sur les éléments que le client souhaite voir apparaître sur l'écran d'une application. Ces premiers brouillons construits et co-validés par tout le groupe de travail peuvent ensuite être transformés en maquettes ou en prototypes de meilleure qualité par un designer, avec un outil digital : une ergonomie, une scénarisation, une cinématique d'enchaînement des écrans d'un site Web ou d'une application mobile. Un produit peut également être fabriqué en modèle réduit grâce à une imprimante 3D. Enfin, de nombreux exercices dits de *gamification* ou *serious games* sont imaginables à partir de Lego, de jeux de cartes ou de jeux de société : construire le parcours d'un client, construire l'aménagement de nouveaux espaces de vente…

> **SCÉNARISATION, CINÉMATIQUE D'ENCHAÎNEMENT DES ÉCRANS.** La scénarisation ou cinématique d'enchaînement des écrans désigne en fait une maquette fonctionnelle qui permet d'intégrer la notion d'interactivité. La maquette dynamique permet de simuler le parcours utilisateur et de naviguer entre les différentes pages du site internet. L'intérêt du prototype dynamique est de montrer que les contenus, l'ergonomie et la priorisation de l'information sont en phase avec l'objectif du client. Si cet objectif est rempli, le design peut ensuite démarrer.

L'être humain a besoin de visualiser et les outils permettent au groupe de travail de se représenter concrètement le concept qu'il a contribué à construire. Cela facilite également l'appropriation du travail accompli. Une maquette peut permettre également d'explorer un scénario d'usage d'un point de vue fonctionnel ou technique, ou de commencer à envisager différentes pistes esthétiques.

La maquette ou le prototype est un outil de médiation. Il a vocation à explorer une idée, à la tester, ou encore à convaincre. Un prototype peut être présenté aux décisionnaires afin de leur faire partager les premiers résultats concrets des travaux menés par le groupe de travail, parfois même de les convaincre et d'obtenir leur validation. Enfin, la

> **« Une image vaut mille mots.**
> Confucius

réalisation d'un premier prototype peut permettre à l'entreprise de vérifier sa capacité à le mettre en œuvre.

Sans cesse maquetter

CAS D'ENTREPRISE

L'APPLICATION « BUY MY HOME »

L'une des ambitions de BNP Paribas est la fluidité des parcours clients. Début 2016, devant l'ampleur du phénomène de démocratisation de l'achat immobilier, la priorité est donnée à la refonte du parcours client du Crédit Immobilier : « I want to buy my home ».

En effet, en France, le désir de propriété diffère selon l'âge et la catégorie sociale mais 86 % des locataires âgés de 18 à 34 ans ont bon espoir que ce rêve se réalise un jour[1]. Et dans un contexte de baisse généralisée des taux des crédits, renégocier son prêt immobilier est devenu un sport national.

Pourtant, si plus de 77 % des acheteurs ont recours à un crédit pour financer leur résidence principale[1], le crédit immobilier ne bénéficie pas d'une bonne image et constitue souvent un point d'insatisfaction. La majorité des clients le perçoivent comme un produit compliqué et peu accessible, parfois même comme un « parcours du combattant » avec de multiples interlocuteurs et allers-retours. De son point de vue, la banque a conscience que c'est à la fois un parcours critique et un grand projet de vie – si ce n'est le plus important d'une vie – sur le plan financier, avec tout l'impact de ce que représente le « oui » du prêt accordé. Pour le client, c'est le moment où le rêve devient réalité et où cette maison qu'il a visitée devient « sa maison ».

1. « Les locataires rêvent de devenir propriétaires ! », http://edito.seloger.com, 9 décembre 2015.

Cependant, les rapports entre les futurs acquéreurs et la banque ont changé. La digitalisation des usages a entraîné avec elle des besoins de simplicité, d'autonomie et d'immédiateté dans la réponse. Il faut désormais repenser le parcours client immobilier pour donner au client les moyens de faire ses recherches et ses simulations en toute autonomie, ou d'avoir les premiers éléments de réponse sans obligatoirement rencontrer physiquement un conseiller.

À la suite d'une première phase d'analyse stratégique, l'un des axes sélectionnés consiste à mettre à la disposition du client un nouvel outil de simulation qu'il perçoive comme attractif et qui soit mobile, responsive et omnicanal, développé rapidement, téléchargeable facilement sur Apple ou Androïd Store. Un outil de simulation lui permettant à la fois d'estimer sa capacité d'emprunt ou de faire une simulation pour obtenir un taux personnalisé. La difficulté de l'exercice réside d'une part dans la volonté de fournir une réponse précise, cohérente et réaliste (à partir de données et de calculs complexes) dans un outil à la fois simple et rapide; et d'autre part, dans la capacité à mettre d'accord tous les acteurs dont les enjeux sont aussi divergents que leurs expertises.

Dans la salle, un Sponsor, un Project leader, des opérationnels et des managers férus du crédit immobilier, mais également les experts de l'assurance, de la conformité, les juristes, et fort heureusement, les experts du digital: marketing, ergonome, UX Designer, responsable de la production… Devant eux, une équipe d'animateurs qui doivent les faire phosphorer dans cet incubateur.

> **UX DESIGNER.** Le designer UX (pour « User eXperience Designer » en anglais) est une évolution et une spécialisation récente du métier de Web designer. Celui-ci s'intéresse particulièrement à l'ergonomie et à l'expérience utilisateur.

1. « Les Français et le marché de l'immobilier », Sondage IFOP pour OptimHome, www.ifop.com, 24 mai 2015.

Rien de mieux qu'un dessin pour mettre tout le monde d'accord. Puisqu'il s'agit de créer une application mobile et puisque toutes les personnes concernées sont dans la salle, voici la consigne : « Dessinez-nous l'application dont vous rêvez en tant que client. » Quelques heures, papiers et ratures plus tard, les différents écrans de l'outil de simulation sont nés sous nos yeux. Là encore, pour que la séance soit efficace et productive, le rôle des animateurs est clé. Il s'agit de donner le stylo aux différentes personnes, de favoriser l'écoute et le dialogue, d'inviter les personnes à corriger le dessin à tour de rôle, de donner la parole régulièrement à l'ergonome et de ne surtout pas oublier d'intégrer les recommandations des experts juristes, assurance et conformité. Nous sommes sans cesse surpris de la valeur ajoutée qu'apportent les participants. Dès le troisième atelier, l'UX Designer présente une cinématique d'enchaînements d'écrans, réalisée à partir des travaux du groupe. Cela permet à tous de se projeter, de tester et de critiquer positivement la maquette afin de l'améliorer.

À la fin des ateliers, cette maquette co-construite a déjà été revue et enrichie plusieurs fois par le groupe de travail. Elle fait consensus, elle est co-validée et partagée avec les instances de pilotage pour une mise en développement immédiate. Dès le 3 octobre 2016, cette maquette est devenue l'application « Buy my home » par BNP Paribas.

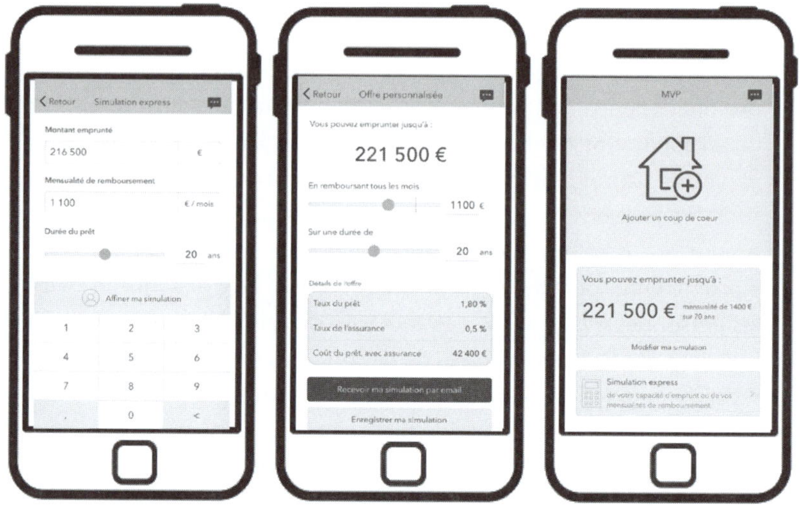

Prototype UX issu des ateliers Design Thinking

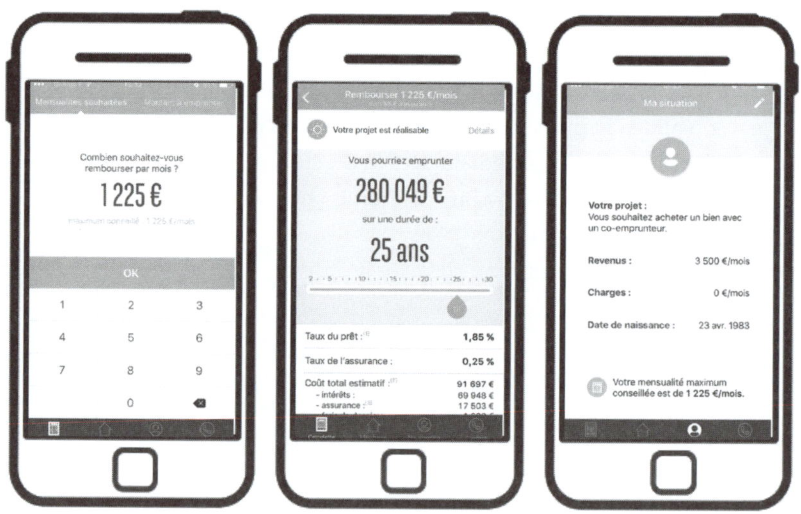

Application « Buy my home »[1]

1. Application « Buy my home », version 1.0.1, BNP Paribas, 2016.

« MAQUETTER » – L'ESSENTIEL

- L'objectif de cette étape est de concrétiser l'idée. C'est le but premier d'une maquette, même de moindre qualité. Elle peut ensuite avoir trois vocations : explorer une idée, la tester, convaincre des parties prenantes ou sa hiérarchie du concept.
- La maquette peut d'abord être réalisée par les participants en séance avec des outils simples (papier, paperboard, feutres, découpages), avec des outils de *gamification* (Lego, jeu de cartes ou jeu de de société créés pour l'occasion), ou par des professionnels présents pour accompagner les participants (designer, UX designer...).
- Une fois les maquettes ou les prototypes prêts, ils peuvent être challengés par les participants lors de l'étape de test.

5. TESTER

L'amélioration continue

La grande force de cette approche réside dans le fait d'inclure une phase de test à l'intérieur même de la phase de conception. Il n'est pas question d'attendre d'avoir trouvé l'idée parfaite et le prototype ultra-finalisé pour passer à la mise à l'épreuve. Il s'agit de mettre en place dès la phase de réflexion une boucle d'amélioration continue par itération pour tester et apprendre. Chaque itération est synonyme d'amélioration.

« Un jour, j'irai vivre en théorie, parce qu'en théorie, tout se passe bien...

Marc Lévy

C'est en cela que le Design Thinking représente une révolution dans la conception de projet dans certaines entreprises. La nature et le nombre d'étapes dans la conception d'un projet dépendent de chaque entreprise. Dans la majorité des cas, les grandes étapes correspondent à :

– une phase de conception (Design, Ingénierie...) ;
– suivie d'une phase de validation ;
– elle-même suivie de la construction ou du développement ;

– puis, vient la phase de test ;
– et enfin, la mise sur le marché.

Dans un projet sans Design Thinking, ces étapes successives peuvent parfois prendre plusieurs années. Il reste à espérer que la demande initiale du client ait été bien comprise, pour que la solution envisagée lors de la conception du produit y corresponde bien. Dans le cas contraire, le risque d'une phase de test trop éloignée de la phase de conception est de se solder par la remise en cause de l'intégralité du projet.

À l'opposé, le Design Thinking englobe la phase de test dans la phase de conception et ne s'interdit pas les premières itérations avant même le début de la phase de construction. L'avantage d'un projet dont le concept est testé auprès du client au cours de sa phase de conception est de ne pas s'éloigner de la demande client, d'apprendre sur la pertinence du modèle retenu, d'évaluer la capacité ou les limites de la solution choisie. La phase de test permet enfin de s'assurer de la convergence des idées et du consensus sur les décisions co-validées par le groupe de travail.

La mise en situation

A minima, il est souhaitable de tester le concept auprès des participants aux ateliers qui ont contribué à sa co-conception. Cela permet d'identifier et de réduire les écarts entre ce qui est décrit et ce qui est produit, afin d'optimiser la cohérence au maximum. N'oublions pas que l'être humain a besoin de visualiser, de toucher et d'essayer pour se représenter un concept. Dans le cadre d'un projet digital, il peut même y avoir des résultats différents entre tester un écran statique et tester un enchaînement d'écrans de façon dynamique. Cela permet de détecter les ruptures dans la cinématique et de replacer les éléments dans leur contexte d'utilisation.

> **« Si vous n'échouez pas de temps à autre, c'est signe que vous ne faites rien d'innovant.**
>
> **Woody Allen**

Le plus efficace reste, lorsque c'est possible, de tester le concept auprès des utilisateurs. Cela permet d'observer leur comportement d'usage en situation réelle et de récolter de nouvelles informations : c'est l'opportunité de réviser le concept ou de l'ajuster avant même son développement.

> **« Si le plan A ne marche pas, il reste encore 25 lettres dans l'alphabet. »**
> **Ulrich Kévick Tossa**

Par ailleurs, produire plusieurs maquettes permet de considérer plusieurs hypothèses ou plusieurs scénarios, afin de n'en retenir que les meilleurs : ceux qui constitueront le Minimum Viable Product (MVP).

Concevoir un Minimum Viable Product grâce au Design Thinking permet de s'assurer de la viabilité du produit minimum.

La philosophie de cette volonté de tester est limpide : il s'agit de ne pas avoir peur d'oser la première fois et de découvrir qu'on apprend beaucoup de ses erreurs.

EXEMPLE

LE *TEST & LEARN* EN COSMÉTIQUE

Dans certains secteurs d'activité, la dimension de *test & learn* est essentielle. Dans l'univers de la cosmétique, où l'innovation et la mode tiennent une part importante, c'est même un prérequis, tant au niveau des formules que de la réglementation ou encore de la fabrication et du packaging.

Dans un contexte d'hyper-compétitivité entre de grands acteurs ayant les moyens d'investir dans l'innovation, la différentiation ne peut se faire que par la rapidité avec laquelle un produit est mis sur le marché. Toutes ces contraintes obligent les entreprises du secteur à mettre en œuvre des démarches de *test & learn* pour en accélérer le développement et garantir le *time-to-market*.

Cette philosophie transparaît à chaque étape du développement produit, de la conception jusqu'à la commercialisation, car il n'est pas rare que les produits nouveaux mis entre les mains du consommateur soient en fait une version simplifiée de la commande initiale.

Simplification d'un décor, suppression d'un ou plusieurs ingrédients d'une formule, réutilisation d'un packaging existant sont autant de leviers permettant de réduire les spécificités de « confort » sans valeur pour l'utilisateur, donc l'effort de développement et l'effort humain. Cette démarche de *test & learn* plus rapide et moins coûteuse permet surtout de raccourcir le cycle de développement du produit et d'en garantir non seulement la faisabilité mais surtout la commercialisation rapide. Elle répond parfaitement à l'obligation pour les entreprises de ce secteur de se positionner en premier et de prendre des parts de marché afin de s'installer durablement en leader auprès des consommateurs. Il n'est pas rare par la suite de voir l'entreprise lancer une nouvelle formule du produit, relooké ou amélioré en fonction des retours des utilisateurs.

« TESTER » – L'ESSENTIEL

- Les objectifs de cette étape sont d'oser proposer une maquette aux utilisateurs afin d'observer leur comportement, de recueillir leurs premières impressions, de détecter les erreurs de conception et d'améliorer le concept avant même son développement.
- Cette étape permet également de tester, de valider ou d'invalider les hypothèses ou les scénarios différents. Elle permet en outre de détecter les axes sur lesquels l'entreprise ne peut ou ne veut pas aller pour des raisons de coûts ou de stratégie.
- À l'issue des tests, le produit minimum viable est clairement co-validé par l'ensemble des parties prenantes pour en lancer le développement.

6. LE LIVRABLE FINAL : LA FEUILLE DE ROUTE

Les échanges lors des ateliers Design Thinking sont très riches. Il est essentiel de les restituer aux participants et de les synthétiser pour faire sortir l'essentiel : les axes de réflexion, les prises de décision, les éléments validés en séance…

> **« Une personne avec un rêve et une vision est bien plus puissante qu'une personne avec des faits et un budget.**
>
> **Anonyme**

Les Synthèses

Lors des premiers ateliers, les échanges peuvent concerner uniquement l'objectif du projet, le contexte, l'historique, les enjeux. Ces éléments ne sont pas suffisants pour constituer une Feuille de route. Nous prenons donc le parti de restituer d'abord les échanges dans un document que nous nommons une Synthèse.

La Synthèse n'est pas un simple compte rendu de réunion. Elle constitue un document de référence pour tous les participants d'un atelier à l'autre. C'est également un moyen d'intégrer les ateliers suivants avec le même niveau d'information en cas d'absence lors d'une séance.

Le document ne doit retenir que les axes de réflexion et les prises de décision retenues collégialement par le groupe de travail. Le nom des participants n'est mentionné individuellement que lorsqu'il est question de rappeler les actions ou réunions parallèles à tenir avant le prochain atelier dans une section dédiée.

> **« Il est temps de prendre nos rêves au sérieux et d'en faire une stratégie.**
> **Stéphane Biso**

La Synthèse doit être diffusée dans un délai de 48 heures à 72 heures maximum après la séance, ce qui n'est pas toujours chose aisée. Les idées sont ainsi encore fraîches dans l'esprit des participants. Lors de l'envoi, il est judicieux d'inviter les participants à relire, réagir, compléter, enrichir. Les éléments transmis entre deux séances sont abordés en ouverture de la séance suivante.

Il est conseillé de ne diffuser les Synthèses dans un premier temps qu'au seul groupe de travail. En effet, la réflexion et le débat étant en cours, un lecteur qui n'aurait pas participé aux échanges accomplis risquerait de remettre en cause certaines décisions ou de revenir en arrière sur des points déjà abordés. C'est également un gage de confiance envers les participants.

La Feuille de route

À l'issue du cycle d'ateliers, la Feuille de route se nourrit des Synthèses précédentes. Elle permet de décrire de manière détaillée le ou les buts à atteindre pour chaque Minimum Viable Product (MVP). Elle est co-construite, copartagée et co-validée par tous les acteurs.

Les axes à traiter lors des ateliers, et par conséquent, le sommaire de la Feuille de route sont à adapter selon le sujet, la problématique, ou selon qu'il s'agit d'une recherche et d'une réflexion stratégique très en amont ou d'une projection de la mise en œuvre opérationnelle d'un projet (que l'on peut nommer également phase de cadrage opérationnel). Néanmoins, deux éléments sont essentiels et indispensables à traiter et restituer : l'objectif et les enjeux.

La Feuille de route doit être diffusée à tous les responsables de départements engagés dans le groupe de travail dans les 72 heures. Il s'agit d'éviter toute inertie d'organisation entre le dernier atelier et les premières instances de pilotage du programme ou du projet. Cette Feuille de route a également vocation à être diffusée à un public plus élargi afin de favoriser les prises de décision lors d'instances de dirigeants (Comité stratégique, etc.).

Vous avez désormais toutes les cartes en main pour comprendre le Design Thinking. Ne reste plus qu'à vous lancer dans l'aventure. Notre ambition est de toujours atteindre nos objectifs étape par étape, atelier par atelier tout en donnant la sensation aux participants que c'est simple. Une perception facilitée par une minutieuse préparation. Avec le chapitre 3, nous vous proposons donc de découvrir un certain nombre de conseils et de bonnes pratiques issues de notre expérience.

3 CHAPITRE Conseils et bonnes pratiques à mettre en œuvre

Comment mettre la théorie en pratique ? Comment préparer, animer et restituer les ateliers et les articuler avec la suite d'un projet ?

Voici tous nos conseils pour vous imprégner de notre expérience et réussir vos ateliers.

1 L'AVANT-SÉANCE : ORGANISER LES ATELIERS, PRÉPARER LES OUTILS

La clé du bon déroulement des ateliers réside dans leur préparation en amont, et notamment dans la prévision du bon nombre d'ateliers. Néanmoins, les délais ne sont pas les mêmes selon que l'entreprise se trouve dans une phase en amont de réflexion stratégique, ou dans une phase plus aval de cadrage opérationnel.

Nous considérons donc que ces délais peuvent varier de deux à trois semaines pour l'une, à quatre à six semaines pour l'autre. Lorsque nous organisons des ateliers Design Thinking en phase stratégique, nous considérons qu'il faut *a minima* quatre ateliers d'environ 3 heures. Ces ateliers ont lieu tous les trois jours, au moins. D'une part, pour respecter les temps nécessaires à la restitution d'un atelier et à la préparation du suivant, d'autre part pour laisser souffler les participants : il est tout aussi difficile de mobiliser des opérationnels que des personnes reconnues comme experts ou des décisionnaires.

De la même manière, lorsque nous organisons des ateliers Design Thinking en phase de cadrage opérationnel, nous fixons pour objectif de traiter environ trois MVP sur une seule journée, à raison d'une séance par MVP (sur le même jour), une fois par semaine.

Maintenir des coupures suffisantes est essentiel afin de soutenir un bon niveau de mobilisation. L'esprit a besoin de moments de repos et de recul pour amener les idées à maturation. Les participants peuvent également utiliser ce temps pour échanger sur le sujet avec d'autres personnes de l'entreprise, de leur département ou externes, et revenir forces de proposition.

La « Design Thinking attitude », c'est le sentiment d'être l'un des bâtisseurs de l'histoire de l'entreprise de demain. C'est également une expérience de détente, d'agilité, de légèreté, de bien-être, d'enchantement : c'est investir une « *great place to work* » en sortant du cadre habituel, en vivant une dimension nouvelle, en apprenant des autres, en partageant des idées différentes. D'où l'intérêt de compter un Feel Good Manager dans l'équipe ! Individuellement et collectivement, cela laisse toujours une empreinte positive chez chaque participant.

LES ATELIERS, CELA S'ORGANISE !

La première chose à faire est de s'assurer que les interlocuteurs et leur hiérarchie sont prévenus et s'investiront lors des ateliers par l'envoi d'un e-mail d'accompagnement et d'invitations au moins deux à trois semaines à l'avance. Ce premier contact est établi par le responsable du sujet à traiter (Sponsor, Leader, Directeur du programme…). Il doit « donner envie », présenter succinctement le sujet sans en dire trop, présenter l'équipe d'animation. Enfin, le destinataire doit bien comprendre que la validation de sa présence représente un engagement de sa part pour l'intégralité des ateliers, une implication dans les débats et les prises de décision du département qu'il représente, mais également un véritable engagement sur la co-validation de la Feuille de route.

L'organisation minutieuse de chaque étape et de toute la logistique fait également partie du jeu : réservez les salles bien à l'avance et assurez-vous que leur configuration permette le déroulement des exercices dans les meilleures conditions pour mettre à l'aise les participants. Le choix d'une salle n'est pas anodin, il représentera le « terrain de jeu » le jour J. Il faut donc essayer au maximum de prévoir un cadre qui diffère des réunions habituelles. Pas de panique ! Bouger les tables, installer des *paperboards* ou changer la disposition des chaises peut suffire. Nous privilégions la suppression des chaises dans les exercices de groupe pour installer une dynamique. Visitez la salle avant le jour J, prévoyez la disposition des chaises en cercle en séance plénière, ou la répartition du matériel dans l'espace pour les exercices en petits groupes (un tableau par groupe, faites la liste des équipes pour les travaux en sous-groupes, indiquez sur quel support travaille quel groupe, répartissez les fournitures, les Post-it, les marqueurs…). N'oubliez pas le confort des participants, notamment la problématique du bruit et n'hésitez pas à séparer les salles momentanément.

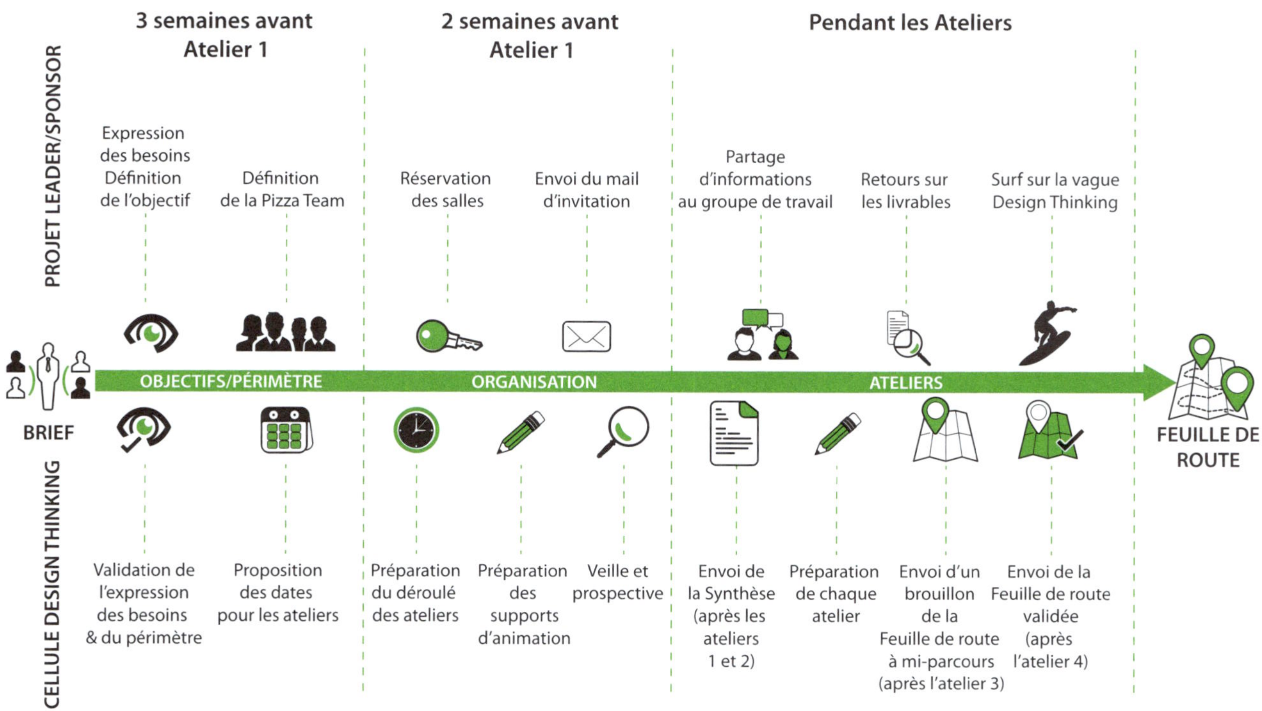

Exemple de rétroplanning avant les ateliers

LES ATELIERS, CELA SE PRÉPARE !

La préparation des ateliers concerne deux éléments essentiels : se préparer sur le fond concernant le sujet qui va être abordé et préparer le déroulement des ateliers.

Pour ce qui concerne la préparation du sujet, nous l'avons déjà dit : il ne suffit pas d'énoncer le sujet aux participants, il faut le connaître, devenir caméléon, se plonger dans les documents apportés par le porteur de projet, mais également faire ses propres recherches. La valeur ajoutée de l'équipe d'animation réside également dans sa capacité à proposer une progression dans la réflexion durant chaque atelier et tout au long du cycle des séances. L'immersion dans le sujet permet à l'équipe d'accumuler des connaissances qu'elle pourra à son tour partager avec le groupe de travail à travers des benchmarks ou une prospective sur un secteur. Elle permet enfin, lors des exercices, de relancer les participants ou de poser des questions complémentaires au débat afin de l'enrichir.

Préparer le déroulement d'un atelier signifie se constituer un guide. Ce guide doit reprendre les timings des différents axes abordés en séance (au moins dans les grandes lignes). Gardez à l'esprit qu'il faut savoir s'adapter au groupe de travail et ne pas être rigide sur l'organisation prévue initialement. Si le groupe rencontre un blocage, une fatigue, il faut savoir l'amener sur un autre sujet pour y revenir ensuite (voir en séance suivante). Restez souple !

Ce guide est un outil à la disposition unique de l'animateur et doit être imprimé à l'avance pour favoriser l'adaptation et le gain de temps de mise en place des exercices. Il prévoit leur enchaînement, le format de restitution et les timings. Il doit également reprendre les questions à poser et un stock d'idées pour lancer ou relancer l'exercice. Une simple « bonne phrase » d'introduction ou de consigne peut faire toute la différence, surtout lorsqu'elle est affichée à la vue de tous les participants.

La répartition des équipes pour les exercices en sous-groupes peut s'envisager à l'avance ; ce n'est toutefois pas une obligation. Les groupes peuvent être modifiés lors d'une séance ou entre deux ateliers afin de rééquilibrer les forces en présence ou de calmer les éléments perturbateurs. Durant l'exercice, il ne faut pas hésiter à passer d'un groupe à l'autre afin de les mettre en concurrence et de les challenger sur les idées ou l'avancée plus rapide de l'autre équipe. C'est un bon moyen de relancer la réflexion. Annoncer que quelqu'un va restituer sans dire son nom au préalable, force tout le monde à se concentrer. Assurez-vous de bien demander la restitution à la fin de l'exercice !

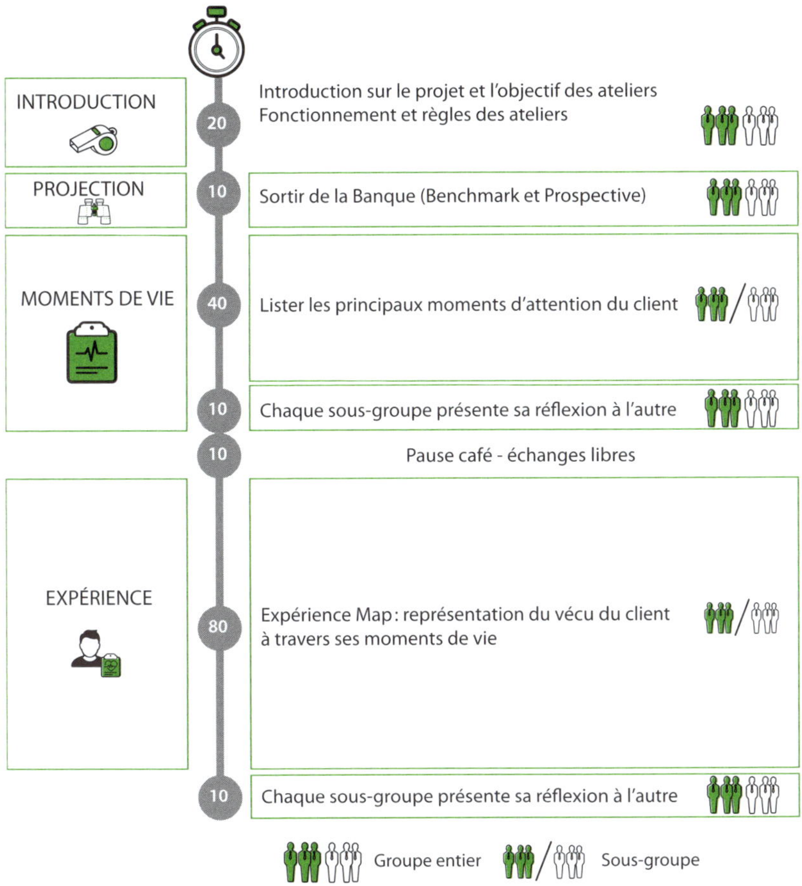

Exemple de guide d'atelier

L'exemple précédent souligne l'intérêt de varier les exercices : leur thème, leur exécution en sous-groupe ou en plénière, l'intérêt d'un temps de pause entre deux exercices intenses et l'importance d'aménager des temps de partage lorsque les groupes travaillent séparément. La mise en commun à la suite d'un exercice permet d'enrichir encore le débat.

Au fur et à mesure des ateliers, les participants doivent sentir une progression dans la réflexion qui les rapproche de plus en plus de leur objectif. N'hésitez pas à varier les plaisirs pour éviter tout sentiment de lassitude. Il existe autant d'exercices de réflexion que de sujets. Cette astuce permettra également de fidéliser certains participants aux ateliers qui, par leur vision transversale, se trouvent invariablement sollicités. Le Design Thinker se doit de leur proposer des outils adaptés à leurs besoins et qui se renouvellent intelligemment.

L'AVANT-SÉANCE – LES BONNES PRATIQUES

- Organiser les ateliers conjointement avec le porteur de projet : logistique, matériel mais aussi et surtout : prévenir les participants suffisamment en amont pour s'assurer de leur participation et plus important encore, de leur engagement.
- Se plonger dans le sujet, devenir caméléon : découverte, benchmark, prospective…
- Préparer le guide de déroulement de la séance, et les guides des séances suivantes en respectant une progression dans la réflexion qui réponde à l'objectif initial.

2 | LA SÉANCE : ANIMER

Le premier atelier est déterminant : il annonce la teneur des suivants, l'ambiance, la cohésion du groupe de travail. Il s'envisage comme une grande « Première » pour l'animateur dont le rôle est clé.

QUEL EST LE RÔLE DE L'ANIMATEUR ?

L'animation, c'est rassurer et donner envie aux participants.

La toute première tâche de l'animateur sera d'accueillir (avec le sourire) les participants. Il donne le ton, remercie les participants de s'être déplacés pour vivre cette aventure ensemble. Le premier atelier peut être l'occasion de proposer un café d'accueil, pour favoriser les échanges informels entre les participants qui se rencontrent pour la première fois, ou d'aménager un temps de pause entre les exercices pour les amener à communiquer librement entre eux.

L'attitude de l'animateur est cruciale lors du premier atelier, d'autant plus que les participants ne se connaissent pas. Son rôle est donc de les mettre à l'aise dès le départ. **L'animateur se doit d'être rassurant et d'instaurer un climat de confiance entre les participants où seules les idées font foi : pas d'auto-censure et pas de langue de bois ! Il détend l'atmosphère et montre au public que l'on peut parler vrai** : « Tout ce qui se dit dans cette salle reste dans cette salle ! ». L'humour est à ce moment précis un précieux atout. Il fait tomber les barrières qu'elles soient hiérarchiques ou organisationnelles (organisation en silos avec des départements qui ne communiquent pas entre eux). Il invite chacun à s'exprimer, à écouter. Il aide les uns et les autres à se comprendre. Il est toujours fédérateur.

> **« Le plus grand problème dans la communication, c'est qu'on n'écoute pas pour comprendre. On écoute pour répondre !**
>
> Anonyme

L'animateur doit également être observateur : il repère les différents types de comportements en réunion comme, par exemple, le leader, le détracteur, le passif, le bavard, le rêveur… Tout refus de communiquer est également une tentative de communication. Tout geste d'indifférence ou d'hostilité est un appel déguisé que l'animateur doit déceler. Le travail de l'animateur est de les aider à exprimer ce qu'ils ne veulent pas ou n'osent pas dire.

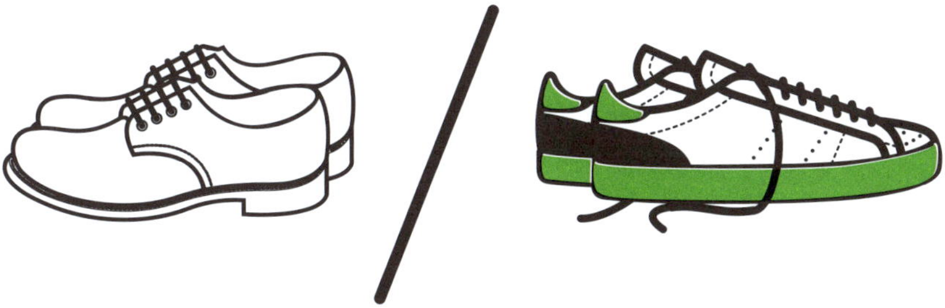

TRADI THINKER	DESIGN THINKER
Éviter les erreurs	Échouer rapidement
Donner les bonnes réponses	Poser les bonnes questions
Dire	Montrer
Maintenir l'ordre	Prendre des risques
Penser & planifier	Faire
Faits & chiffres	Storytelling
Standardisation	Humanisation
Expérience passive	Expérience active

Tradi Thinking *vs* Design Thinking

Sur le fond, il joue le rôle de chef d'orchestre : il guide, mais ce n'est pas lui qui joue. Il doit cependant être prêt à toute éventualité : parfois, lorsqu'un groupe manque de dynamique, l'animateur se fait coach : il accompagne la réflexion, relance le débat, joue tantôt le novice, tantôt le détracteur. Ainsi, il challenge le groupe sur la problématique, d'où l'impérieuse nécessité d'en apprendre un maximum sur la question avant la séance. Polyvalent, expert des différents points de vue et bienveillant : il est prêt à tout affronter !

> **« La chose la plus importante en communication, c'est d'entendre ce qui n'est pas dit.**
> Peter Drucker

L'animateur sait qu'il a gagné la partie quand deux ou trois personnes prennent le lead en atelier pour porter la réflexion. Au moment où il n'a plus le leadership sur les idées échangées, il sait que le groupe s'est approprié le thème et a atteint son autonomie. L'animateur n'est plus qu'un guide, un médiateur, un tiers de confiance fédérateur. Il devient l'arbitre qui freine les ardeurs des dominants et invite les discrets à s'exprimer. À tout moment, l'animateur est celui qui montre l'exemple.

CETTE TENTATION D'ÉLARGIR LE GROUPE DE TRAVAIL

Le Sponsor, le Project Leader ou même les participants ne doivent pas ajouter de participant une fois que la dynamique est lancée. La liste des participants ne doit plus évoluer après le deuxième atelier sous peine de contre-productivité (redites, divergences, incompréhensions, remises en cause des décisions, marche arrière...). Les personnes identifiées après le deuxième atelier sont intégrées uniquement si nécessaire à la liste de diffusion des Synthèses et à la Feuille de route pour susciter leur réaction et un partage d'information.

Lorsque le groupe de travail a besoin d'explorer un point précis et que l'expert du sujet n'est pas dans la salle, il est tout à fait opportun voire même conseillé de prendre le temps d'organiser une réunion parallèle. Cela évite de rompre la dynamique. Il est alors essentiel de rapporter les échanges qui ont eu lieu hors atelier Design Thinking pour maintenir le même niveau d'information. Lorsque le groupe de travail a besoin d'une réponse immédiate sans laquelle le débat stagne, il est possible de faire intervenir un expert momentanément. Cette pratique doit cependant rester exceptionnelle et ne pas aller au-delà de quinze minutes. Si la réponse au point précis nécessite plus, elle doit faire l'objet d'une réunion parallèle. C'est à l'animateur de cadrer l'intervention de l'expert et de discipliner le groupe de travail.

LE RYTHME DE LA SÉANCE

À chaque atelier, trois temps forts se dégagent : l'ouverture, les échanges et la clôture des échanges. L'introduction et l'exercice de chauffe font office d'ouverture. Lors du premier atelier, l'introduction est plus longue que pour les suivants. De la même manière, lors du dernier atelier, l'animateur passe plus de temps sur la conclusion des échanges et les remerciements au groupe de travail.

Il est impératif de maintenir un bon niveau d'attention des participants tout au long de l'atelier, d'où l'introduction de pauses lors d'ateliers longs (3 heures). L'enchaînement des exercices doit permettre de donner du rythme à la séance. Un atelier long doit être plutôt organisé en matinée et ne pas démarrer après 9 h 30. Les exercices longs auront lieu avant ou juste après la pause. Plus l'heure avance, plus les participants ont des difficultés à se concentrer. Lorsqu'un exercice long est proposé, il peut également être fractionné. Cela permet de rythmer l'exercice et les échanges en changeant souvent de point de vue (par exemple l'Experience Map).

L'animateur doit toujours être en mesure de percevoir le niveau de concentration et de fatigue des participants. En cas de baisse d'énergie, il peut alors décider d'écourter un exercice, de le reprogrammer à la séance suivante ou de modifier l'horaire de la pause. Le but étant, encore une fois, de ne pas créer de lassitude. L'animateur ne doit pas s'interdire non plus de libérer les personnes plus tôt lorsqu'un exercice s'est déroulé plus rapidement, bien au contraire. Encore une fois, restez souples !

L'ouverture et la clôture d'un atelier étant des moments clés, voici quelques conseils les concernant.

FAIRE L'INTRODUCTION

Toutes les entreprises et tous les collaborateurs ne sont pas des habitués du Design Thinking. Il est donc de bon ton d'introduire brièvement la démarche et le but de l'organisation des ateliers, ainsi que certaines règles d'or pour le bon déroulement des séances, parmi lesquelles : le tutoiement, l'esprit de construction, l'intention de jouer le collectif dans le débat comme dans la prise de décision, la présence et l'investissement continu des participants à chacun des ateliers. Et bien sûr, la bienveillance, condition indispensable à l'expression de tous comme au regard sur les erreurs de chacun.

> « Les deux choses les plus difficiles à dire sont toujours bonjour pour la première fois et au revoir pour la dernière.
>
> Moira Rogers

Tout cela est primordial pour avancer. Les personnes sélectionnées le sont pour leur savoir-faire et pour leur connaissance du métier. Il est très important qu'elles s'investissent dans les ateliers et réagissent aux Synthèses et à la Feuille de route qui sont envoyées. Elles doivent considérer ces documents comme des outils de réflexion mais également de partage, de communication et de management.

Même si cela relève du bon sens, il est parfois nécessaire de demander à chacun de quitter des yeux son écran d'ordinateur ou de smartphone, dès le début de la séance. Pour les moins habitués, l'animateur montrera l'exemple et proposera de placer tous les PC portables, tablettes ou téléphones dans un panier au centre de la table.

Enfin, **l'animateur présente le sujet et peut à cette occasion faire intervenir le porteur du projet pour présenter l'objectif des ateliers. L'annonce d'une échéance finale favorise la créativité**. Il est important d'annoncer aux participants la date de fin des ateliers, d'annoncer ce qui va être fait et de faire ce qui a été dit.

L'EXERCICE DE CHAUFFE

Bien que n'étant pas obligatoire, l'exercice de chauffe peut parfois s'avérer utile pour « lancer » la séance de créativité. L'animateur peut recourir à un échauffement pour mettre à l'aise les participants et mobiliser l'énergie nécessaire à la créativité. Par exemple, inventer une histoire à partir de mots choisis aléatoirement, trouver un intrus parmi des mots tirés au hasard, ou encore, lorsqu'il s'agit de travailler sur la reconnaissance du client ou du collaborateur, indiquer à l'aide de Post-it tous les antonymes et les synonymes du mot « mécontent ».

Le premier exercice peut également servir à chauffer les esprits tout en plongeant les participants de façon détournée dans le sujet : « Selon vous, quel est le parcours rêvé du client qui s'adresse au service client ? ». Ou, lorsqu'on travaille sur l'accueil du client en espace de vente : « Quel est le plus beau (ou le pire !) souvenir que vous avez en tant que client ? ».

LA CLÔTURE DE L'ATELIER

Le groupe doit avoir le sentiment d'avoir « bien travaillé » et d'avoir avancé dans la réflexion. Il faut donc se quitter sur des conclusions claires pour tous. Il faut également considérer ici la clôture de chaque exercice, indiquer au groupe que l'exercice s'arrête ici, et vérifier que tous sont d'accord avec ce qui est mentionné. La restitution par l'un des membres du groupe permet de conclure et de s'assurer que rien n'a été oublié. La conclusion d'un atelier doit également permettre de rappeler les actions prévues pour chacun, avant l'atelier suivant et les ateliers parallèles. Elles peuvent être rappelées par chaque détenteur de l'action lors d'un tour de table final. L'animateur remercie alors tous les participants et rappelle la prochaine date d'atelier. Lors du dernier atelier, les remerciements sont plus appuyés.

LA SÉANCE – LES BONNES PRATIQUES

- L'animateur joue un rôle clé dans le déroulement de l'atelier : il est garant du temps imparti sur les exercices, de la prise de parole de chacun, de la progression du groupe vers l'objectif grâce à ses questions, ses reformulations, ses outils dédiés, de la régulation des débats… Il guide le débat sans prendre parti, il relance les participants sans les lasser.
- Un atelier doit être rythmé : les temps forts sont l'ouverture, les échanges et la clôture de l'atelier. L'animateur doit être sensible à l'état de concentration et de fatigue dans lequel se trouvent les participants. Il doit aménager des temps forts et des temps calmes, des exercices longs et des exercices courts, voire fractionner les exercices longs et aménager des temps de pause pour rythmer la séance.
- L'introduction comme l'exercice de chauffe sont des éléments essentiels de tout atelier. Elles permettent de lancer la séance et d'amener les participants à plonger dans le sujet.
- La clôture d'un atelier représente un autre temps fort. Il permet de rappeler l'avancée du groupe et les actions à produire pour la prochaine session. Quitter les participants sur une note positive est primordial, qui plus est lors de la dernière séance. L'animateur doit remercier tous les participants de leur implication. Un trait d'humour peut être le bienvenu.

Ce qui est le plus marquant pour nous, notre cerise sur le gâteau, c'est lorsqu'à la dernière séance, les gens nous disent : « Mais alors, on ne se voit plus après ? Oh non… Ce n'est pas possible. » Là, c'est mission accomplie !

3 L'APRÈS-SÉANCE : RESTITUER LES ÉCHANGES

L'un des facteurs clés de succès de l'après-séance réside dans la restitution des échanges. D'abord, parce que les participants ont besoin d'un fil rouge entre les séances. Ensuite, parce que le document de Synthèse comme la Feuille de route permettent de concrétiser la réflexion, de partager les éléments tangibles. C'est un outil de communication qui peut ensuite être diffusé à un auditoire plus large que celui du groupe de travail, par exemple, lors d'un Comité Stratégique pour orienter une prise de décision sur le sujet.

Selon la culture de l'entreprise, les documents produits à l'issue d'un cycle d'ateliers Design Thinking peuvent prendre différentes formes : présentation visuelle, schémas, rédactionnel. Nous privilégions systématiquement l'objet rédactionnel. Rien ne vaut à nos yeux un document rédigé exposant explicitement les axes retenus par le groupe de travail.

C'est l'un de nos secrets de fabrication que nous vous dévoilons ici : le rédacteur de la Synthèse et de la Feuille de route fait partie de la Cellule Design Thinking. Il est, lui également, un tiers de confiance, celui qui restitue fidèlement le contenu de la séance. Contre toute attente, nous ne produisons pas de présentation PowerPoint mais nous faisons une restitution écrite sous forme de Synthèse, afin de valider par l'écrit. Ce document a ensuite vocation à être partagé pour favoriser la prise de décision et les arbitrages.

Le livrable final, la Feuille de route issue des ateliers est ainsi co-validée par tous les acteurs et la Direction générale. Des dires de plusieurs porteurs de projet que nous avons interrogés, cette Feuille de route est ensuite reconnue comme le document de référence durant toute la durée de vie du programme, et auquel l'équipe de développement se réfère régulièrement. Ce document doit, par ailleurs, garantir l'équilibre entre la simplification du travail du point de vue du collaborateur et une meilleure expérience pour le client. C'est pour cette raison que nous l'appelons une Feuille de route.

COMMENT BIEN RÉDIGER LA SYNTHÈSE PUIS LA FEUILLE DE ROUTE ?

> **« Ce qui se conçoit bien s'énonce clairement - Et les mots pour le dire arrivent aisément.**
>
> Nicolas Boileau

La Synthèse d'un atelier ne doit pas être considérée comme un banal compte-rendu de réunion. L'intérêt d'une Synthèse n'est pas de rappeler qui a dit quoi, mais de restituer les éléments essentiels des débats, les prises de décision, les axes de réflexion, les contraintes citées ou les points qui restent à explorer. La Synthèse doit également reprendre les éléments apportés par les participants : les éléments de benchmarks ou d'études citées en réunion, afin de les faire partager à l'ensemble et de mettre toutes les parties prenantes au même niveau d'information.

Il est vivement conseillé de prendre des notes durant toute la durée de l'atelier. Cependant, la prise de notes est propre à chaque individu. Que le rédacteur « tape au kilomètre » sur son ordinateur portable ou prenne des notes sur un cahier, qu'il synthétise directement le contenu des échanges dans la trame du document ou qu'il enregistre la séance pour revenir sur les points de détail *a posteriori*, l'important est de rédiger la Synthèse immédiatement après la clôture.

Du point de vue de la forme, l'essentiel est de rester concis, clair et efficace. Pour faciliter la lecture, le document doit être bien structuré : il comporte un sommaire, différentes sections, des paragraphes avec une numérotation. Il est plus agréable de lire un texte aéré : un paragraphe par idée retenue par le groupe. Les idées sont synthétisées par thématique.

Voici les principaux points que l'on souhaite retrouver dans une Synthèse, puis une Feuille de route :

- Le titre du document doit mentionner le nom du programme et la date ou le numéro de l'atelier - Atelier Design Thinking #1 – I want to buy my home.
- La liste des personnes sollicitées avec le nom de leur département (en liste alphabétique, plus lisible et ne froissant personne).
- La liste des personnes qui n'ont pas participé mais sont en liste de diffusion – uniquement pour la Feuille de route – (en liste alphabétique, plus lisible et ne froissant personne).
- Le sommaire.
- Le préambule rappelant le libellé de la commande initiale du Sponsor.
- Les différents axes abordés, organisés en grandes sections.
- La liste des actions à réaliser sous forme de tableau (qui, quoi, quand). Ce tableau mentionne les responsables des actions qui pilotent la mise en place et assureront le reporting lors d'une prochaine mise en commun.

- La liste des prochains ateliers (dates, horaires et lieux).
- La liste des documents de référence cités en séance et annexés au document.

Concernant les différentes sections qui constituent la Synthèse ou la Feuille de route, elles doivent s'adapter à la problématique abordée ainsi qu'aux objectifs poursuivis lors des ateliers. Voici une liste d'exemples qui sera à adapter en fonction des besoins :

- L'objectif et périmètre : cette section est la plus importante. Elle constitue le premier axe à aborder en séance. La définition d'un objectif, c'est un « quoi global » attendu dans un état donné à une date donnée, associé à des contraintes à prendre en compte.
- Les enjeux à satisfaire (enjeux commerciaux, techniques, juridiques…).
- Les constats amenant à la réflexion (les irritants clients, les causes racines).
- La stratégie de mise en œuvre (solutions identifiées, priorisation des solutions, scénarios d'évolution du modèle…).
- Le cadre organisationnel (responsabilités, instances, grandes actions…).
- Les risques, contraintes et adhérences identifiés à ce stade, ainsi que les actions pour les réduire.
- Le planning précis de mise en œuvre.
- La reproduction des maquettes, prototypes, parcours clients…
- …

Attention cependant à ne pas ajouter de remarques personnelles non partagées au cours des discussions. Seules des précisions du type définition, statistiques ou éléments de contexte peuvent venir compléter le document car la Synthèse doit rester fidèle à la production du groupe de travail.

Enfin, il est vivement conseillé de faire un *Executive Summary* et de faire relire la Synthèse par une personne autre que le rédacteur, par exemple par le porteur de projet, ou par les participants qui ont les connaissances du métier, avant diffusion. On s'assure ainsi que tout est clair et que rien n'a été oublié.

DEVENIR LES MEILLEURS AMIS DES PARTICIPANTS

Rester disponible et nouer un contact privilégié avec les participants permet à la Cellule de revenir avec plus de force, de cohésion à la séance suivante. D'une part, parce que le regard d'un spécialiste est toujours utile. Ils représentent une mine d'informations concernant l'historique ou la connaissance d'un outil, d'un projet ou d'un parcours client. D'autre part, parce qu'ils sont de précieux relecteurs et de futurs apporteurs de sujets.

L'APRÈS-SÉANCE – LES BONNES PRATIQUES

- S'appuyer sur un rédacteur membre de la Cellule Design Thinking pour assurer la restitution des échanges, en garantir la neutralité, la fidélité et le standard de qualité.
- Passer du format Synthèse au format Feuille de route dès que les échanges sont suffisamment mâtures, c'est-à-dire dès que la stratégie de mise en œuvre du projet se dessine et que le groupe de travail a acté les premières orientations.
- Faire relire la Synthèse ou le *draft* de Feuille de route par le Project Leader ou certains extraits par les experts concernés pour valider l'exactitude de la restitution.
- Diffuser la Feuille de route finale aux responsables hiérarchiques des membres du groupe de travail et au Top Management afin de valoriser le travail accompli et acter le consensus.
- Proposer un *Executive Summary* lors de la diffusion finale de la Feuille de route qui en résume les éléments principaux (objectifs, enjeux, macro-planning et maquettes).

4 | ARTICULER DESIGN THINKING, AGILE ET LEAN STARTUP

Afin de vous permettre de mieux appréhender l'articulation entre les différentes approches de cadrage, de développement et de management de projet, mais aussi de partager les besoins et les attentes des différents départements impliqués dans la gestion de projet en entreprise, nous avons choisi de partager avec vous nos investigations.

Les réflexions dont nous vous faisons part ici sont issues à la fois de nos expériences et de nos échanges avec nos contacts dans divers secteurs d'activité tels que le secteur bancaire, la grande distribution, le secteur des transports et du voyage ou encore du luxe, ainsi qu'avec des professionnels des méthodes Agile (experts de la méthodologie, coachs et formateurs).

À l'ère du digital et des générations Y et Z, rappelons-nous des premières approches de management de projets informatiques.

LA DÉMARCHE TRADITIONNELLE : CYCLE EN V

Dans une démarche traditionnelle, avant même le commencement du projet, le Métier formalise une *Expression de besoin* dont le but est de convaincre de la pertinence des besoins exprimés et de mettre en avant les gains attendus. Débute alors la phase d'étude du projet à la suite de quoi un document de synthèse généralement appelé *Note de cadrage* est rédigé afin de traduire les besoins et les attentes du Métier. Dans les approches historiques du management de projet (sans ateliers Design Thinking ou multidisciplinaires), la Direction des Systèmes d'Information n'étant pas en amont du projet, sa compréhension du besoin et des attentes du Métier se fait à partir de la Note de cadrage et des spécifications, en prenant en compte ses obligations et ses contraintes. Il est donc primordial que ce document soit le plus complet et précis possible.

Dans ce modèle, une Note de cadrage répond aux questions suivantes : Qui est le client ? Quels sont les objectifs ? Quel est le délai ? Quel est le budget ? À quoi sert le projet ? Quelle rentabilité est attendue ? Ce document qui traduit les résultats de la phase d'idéation est par la suite complété par les spécifications fonctionnelles détaillées.

L'outil est ensuite développé, la phase de tests et de validation par le Métier n'intervenant qu'une fois que l'intégralité de l'outil est livrée. Pour de multiples raisons, il n'est pas rare que la version proposée par les équipes de développement diverge de celle qu'avait imaginée le

Métier (incompréhensions, obsolescence prématurée...), obligeant les équipes techniques à modifier le produit *a posteriori* et le Métier à réévaluer les délais de livraison, tout comme le budget.

C'est un des aspects sur lesquels cette approche diffère de l'Agile qui inclut les tests utilisateurs tout au long des développements.

MÉTHODES AGILE *VS* CYCLE EN V

La méthode Agile est réputée plus efficace que l'approche dite de cycle en V. Cependant, au fur et à mesure de nos expériences et de nos échanges, nous avons constaté qu'elle n'est pas adaptée à tout type de projet. La question n'est plus alors d'abandonner la méthode de cycle en V au profit d'Agile, mais plutôt de définir la bonne méthode à utiliser en fonction du projet.

En effet, il semblerait que les méthodes Agile soient plus adaptées dans le cadre de projets complexes sur lesquels il y a peu de visibilité. Elles permettront une meilleure gestion des risques de par la flexibilité qu'elles accordent.

À l'inverse, la méthode de Cycle en V permet de mieux cadrer des projets, notamment industriels, pour lesquels la vision cible est très précise en termes de besoins, planning et risques.

Il est donc important de bien comprendre les deux méthodes et d'avoir une bonne compréhension de son projet afin de définir la méthode la plus pertinente en fonction du projet.

Cependant, l'erreur à ne pas commettre est d'essayer de combiner les deux méthodes sur un même projet. En effet, le fonctionnement et les besoins n'étant pas les mêmes, les livrables produits à travers l'une des deux méthodes ne sont pas adaptés à l'autre. C'est en ce sens que nous pouvons en déduire que la Note de cadrage, telle que présentée précédemment, n'est pas pertinente lorsque le projet fonctionne selon les principes des méthodes Agile. Les livrables en mode Agile se résument au strict nécessaire alors qu'en Cycle en V, ces derniers sont complexes et multiples. Par ailleurs, il est reconnu par les experts des méthodes Agile (quel que soit le courant) que l'unique document faisant référence pour les équipes de développement est le *product backlog* dans lequel sont enregistrées les *user stories*. Il devient par là même évident que la production d'une Note de cadrage serait obsolète dans le cadre d'un projet développé en Agile puisqu'elle ne serait pas consultée par les équipes de développement.

COMPRENDRE L'ARTICULATION ENTRE DESIGN THINKING, AGILE ET LEAN STARTUP

Le schéma suivant permet d'appréhender les avantages de l'articulation entre les approches Design Thinking, Agile et Lean Startup :

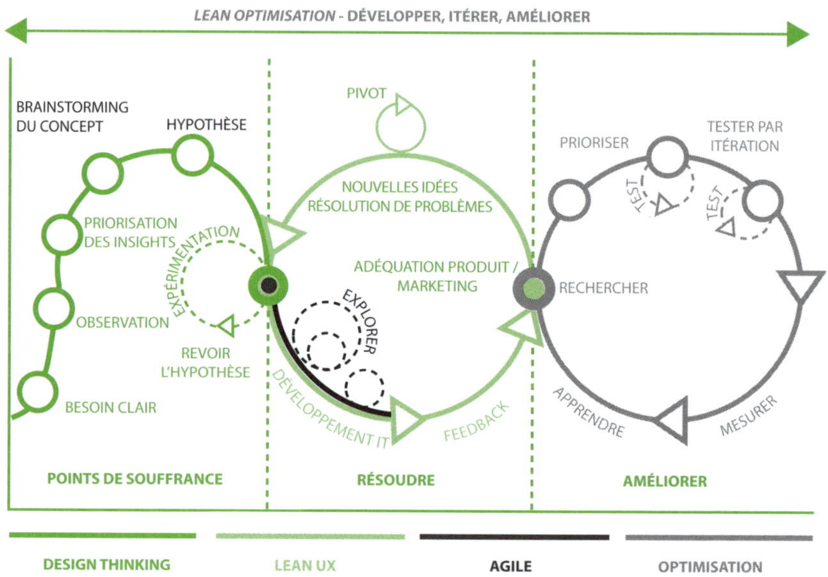

Source : Craig Sullivan, @OptimiseOrDie.

La première phase s'assimile à la phase d'idéation. Elle est assurée par des ateliers Design Thinking dont l'intérêt est de s'identifier au client et de déceler ses points de souffrance afin d'élaborer un concept qui réponde à ses besoins et ses attentes. Ce concept est alors représenté sous forme de maquettes ou de prototypes permettant de tester différentes hypothèses et de retenir celle qui constituera le Minimum Viable Product. Au cours de ces ateliers, toutes les parties prenantes du projet sont impliquées, et ce dès la phase de cadrage stratégique. Cette Pizza Team comprend également les architectes techniques et applicatifs ou les développeurs. Ce mode de fonctionnement permet à l'ensemble des protagonistes de connaître et de comprendre l'objectif du projet, la genèse du projet, ainsi que les attentes, les besoins et les contraintes des différents acteurs.

Dans un second temps, la solution est développée selon les principes d'Agile, basée sur un fonctionnement itératif incrémental centré sur la réalisation d'un produit fonctionnel. En d'autres termes, un score de priorité est établi pour chacune des fonctionnalités de l'outil en fonction de leur valeur business. Elles sont ensuite développées au fur et à mesure selon cet ordre de priorité (qui est à nouveau questionné et revalidé à chaque itération). Chaque fonctionnalité codée par les équipes de développement est testée immédiatement par le Métier, ce qui permet de modifier ou de corriger immédiatement la fonctionnalité en question si nécessaire.

Chaque fonctionnalité est traduite sous forme de *user story*. L'ensemble des *user stories* est enregistré dans le *product backlog*. De par notre expérience et les retours de notre enquête, le *product backlog* est l'unique document sur lequel se basent les développeurs. En ce sens, il est impératif que ce dernier soit dûment complété. Toute information, caractéristique ou fonctionnalité du produit qui n'est pas référencée dans ce document ne sera pas développée.

En complément de ce document, un Business Model Canvas peut être produit afin de rappeler la vision stratégique du projet (voir page suivante).

Tout comme le *product backlog*, ce document est rédigé par le Project Leader à la suite des ateliers Design Thinking et validé par l'ensemble de l'équipe projet.

Dans notre contexte actuel, tous les éléments inclus dans le Business Model Canvas, sont présents dans la Feuille de route rédigée par la Cellule Design Thinking.

Business Model Canvas

Partenaires clés

Le réseau de partenaires et de fournisseurs clés grâce auxquels le modèle économique fonctionne (alliances entre entreprises non-concurrentes, joint-venture, contrats acheteurs-fournisseurs.

Activités principales

Les choses les plus importantes qu'une organisation doit faire pour que son modèle économique fonctionne.

Ressources clés

Les actifs les plus importants requis pour faire fonctionner le modèle économique de l'organisation.

Proposition de valeur

Les combinaisons de produits/services qui créent de la valeur pour chaque segment de clientèle.

Relation client

Les types de relations établis avec chaque segment de clientèle en fonction des objectifs stratégiques.

Canaux de distribution

L'ensemble des canaux qui permettent de faire découvrir les produits/services, de les distribuer et de les acheter.

Segmentation clients

Les différents groupes d'individus ou d'organisations que cible l'entreprise.

Structure des coûts

Les différents types de coûts inhérents au modèle économique.

Sources de revenus

Les types de revenus générés auprès de chaque segment de clientèle.

Le Lean Startup, permet quant à lui une expérimentation rapide du concept développé au niveau de l'entreprise. Cette approche consiste à appliquer l'approche par le test à l'ensemble du Business Model, du produit au prix, en passant par le positionnement ou l'appétence de la clientèle.

Chaque phase de test est alors analysée pour permettre à l'entreprise d'apprendre et de faire « pivot », c'est-à-dire de réajuster le concept ou sa trajectoire dans un esprit d'amélioration continue. Cette phase de test, d'analyse et d'apprentissage – *test & learn* – pouvant se répéter autant que nécessaire jusqu'à l'optimisation du concept.

N'hésitez donc pas à user et abuser de ces approches innovantes, sans oublier de les marier !

5 | SIMPLIFIER L'ORGANISATION POUR ACCÉLÉRER LES PROJETS

Comment simplifier l'organisation de nos grandes entreprises et enclencher une véritable conduite du changement dans la manière d'aborder les projets ?

Il n'y a pas de réponse toute faite à cette question, si ce n'est : petit à petit et appliquant une conduite du changement qui s'adapte à la culture de chacune de nos entreprises. Néanmoins, nous vous proposons ici de vous livrer quelques règles de bon sens et bonnes pratiques qui ont déjà fait leur preuve.

Les grandes entreprises qui régnaient auparavant en maîtres sur leurs marchés sont désormais directement en concurrence avec les start-up et maintenir leur avantage concurrentiel afin de proposer des produits et services toujours plus *time-to-market* est devenu d'autant plus difficile qu'une start-up, elle, a la capacité d'être plus agile et plus réactive.

Pourquoi ? Parce que la structure d'une start-up est par définition plus légère. L'arbre de décision et les cercles de validation y sont plus restreints. Toutes se caractérisent par une structure plus linéaire : moins de départements, moins de hiérarchie et plus de transversalité dans le management, sans même aborder celles qui fonctionnent en « management libéré ».

Or, nombre de grandes entreprises ont une organisation très hiérarchisée avec de nombreux département ou silos ainsi qu'une organisation procédurière où le contrôle prime sur l'efficacité. Pour autant, ce contrôle bureaucratique du management n'exclut pas l'erreur, bien au contraire. Du fait de leur complexité, les instances de suivi, comités de validation, livrables démontrant l'intérêt d'un projet se démultiplient, allant parfois jusqu'à générer des doublons. Pourtant, le seul souhait qui guide les managers et porteurs de projet est bien de suivre les procédures (même lorsqu'elles engendrent des délais) afin de rassurer leur Top Management.

Afin d'accroître la réactivité de nos grandes entreprises dans un univers d'ultra-compétitivité, nos grandes entreprises n'ont donc plus d'autre choix désormais que de repenser leur organisation : de l'introduction d'approches innovantes de management de projet à une veille accrue, en passant par la refonte de leurs procédures internes ou de tout ou partie de leur organisation, les grandes entreprises sont sur la voie de l'adaptation.

Seule reste la question du *comment* ? Comment permettre à nos entreprises de s'alléger pour courir aussi vite que ces « lièvres » de start-up ? Comment mettre en place une nouvelle gouvernance pour un management efficace ?

Dans le cadre du management de projet, la mise en place d'une nouvelle gouvernance doit aller au-delà de la définition des rôles et responsabilités de chacun. Elle doit avoir pour objectifs d'optimiser les interactions entre les collaborateurs impliqués dans la construction des programmes et projets, de simplifier et d'optimiser leurs travaux quotidiens et d'assurer la pérennité des activités.

Pour ce faire, les informations doivent circuler avec fluidité entre les parties prenantes – porteurs de projets et décideurs – et ce tout au long du parcours de construction des projets : depuis la phase d'idéation pendant laquelle le concept germe, jusqu'à la mise sur le marché des produits et services délivrés au client.

De la même manière qu'un client rêve d'avoir un numéro et un interlocuteur uniques capables d'apporter la bonne réponse à sa question dès son premier appel, quel porteur de projet n'a jamais rêvé d'une Cellule transverse capable de répondre à toutes ses questions et de faire le lien entre tous les acteurs indispensables à son projet ? Quel manager n'a jamais rêvé de s'adresser à un facilitateur plutôt que de devoir gravir cinq échelons hiérarchiques avant d'atteindre le décideur stratégique en capacité de lui donner sa validation ?

IDENTIFIER LE PARCOURS DU PORTEUR DE PROJET

Enclencher une véritable conduite du changement dans la manière d'aborder les projets consiste tout d'abord à changer l'angle d'approche de cette problématique. Le premier objectif n'est pas de modifier les procédures de l'entreprise mais plutôt d'identifier les besoins du porteur de projet afin de lui apporter les solutions dont il aura vraiment besoin. Comme il est nécessaire d'envisager le parcours du client avant de construire et d'aménager un nouveau point de vente, il est nécessaire de dessiner le parcours du porteur de projet afin de le simplifier et de l'optimiser.

De la naissance d'un projet à son lancement, le chef de projet traverse différents moments de vie : « Je dois comprendre mon client, ses attentes et ses points de souffrance » ; « Je dois imaginer des solutions innovantes » ; « Je dois identifier et réunir les bons interlocuteurs pour m'y aider » ; « Je dois faire valider mes orientations par les experts de différents services et par le Top Management » – « Je dois définir et suivre mes indicateurs clés de réussite »...).

Répondre aux besoins associés à chacun de ces moments de vie impose de faire appel à des experts référents dans des domaines structurants pour l'ensemble des projets : Innovation & Design Thinking, Data Management, CRM, Pilotage Stratégique, Pilotage Opérationnel, RH, Juridique... afin d'accompagner les chefs de projets dans leur mission, la définition de leurs objectifs et leur concrétisation. Bien entendu, ces expertises ne sont pas les mêmes en fonction du projet, de l'entreprise, du secteur d'activité.

D'après notre expérience, nous en sommes arrivés à la conclusion et à la préconisation suivante : un seul mot d'ordre : SIM-PLI-FIEZ !

CO-CONSTRUIRE LA SOLUTION

Lorsque vous mettrez en place cette démarche d'exploration, il sera évidemment nécessaire d'associer tous les départements d'expertises – ceux dont la consultation constituera demain un passage obligé dans le parcours du chef de projet – à la réflexion et à l'élaboration d'un parcours de projet et d'une offre de service unique (mais souple et adaptable) qui puisse ensuite être mise à la disposition du chef de projet. Co-construisez l'offre avec ces experts et bien entendu, avec les porteurs de projet eux-mêmes.

Les procédures ayant parfois vocation à devenir de véritables usines à gaz sous couvert d'en codifier les moindres processus jusqu'à la tâche ou à la sous-tâche, gardez toujours à l'esprit que ce guide du management de projet – n'oubliez pas d'en marketer le nom – sera demain garant de la simplification, de l'optimisation et surtout de la lisibilité du parcours du projet au service de ceux qui les portent, et par conséquent au service de votre organisation. Au-delà, la standardisation du pilotage (simple) des projets représente la garantie de la réactivité et de l'exhaustivité du partage d'information entre le chef de projet et le Top Management.

Afin de garantir le fonctionnement de cette organisation, un maître mot : transversalité. Pour ce faire, la nécessité absolue est de créer une seule et même Cellule Transverse d'Experts.

Véritable « Agences tous risques », la Cellule Transverse d'Experts offre un accompagnement personnalisé de bout en bout du cycle de vie des projets, accompagnement qui tient compte des besoins spécifiques du chef de projet en l'éclairant sur chaque expertise impliquée. Par exemple, l'expert Innovation répond à la question : « Comment tirer parti des nouvelles technologies pour améliorer les parcours clients de mon projet ? » L'expert RH répond à la question : « Comment anticiper les répercussions sociales engendrées par le projet ? »

Ayant de la visibilité sur toutes les initiatives lancées, tantôt accompagnateurs pour les chefs de projets, tantôt rapporteurs d'alerte au Top Management, les experts de la Cellule Transverse réunis dans la même équipe deviendront les garants de la bonne réussite des projets.

Cet exemple précis reflète parfaitement l'idée qu'une Cellule Design Thinking peut insuffler un esprit de transversalité bien au-delà des ateliers, incitant les collaborateurs de tous niveaux à l'imiter et à générer une véritable impulsion dans la conduite du changement et la transformation de vos organisations.

6 | CAS PRATIQUES

LE DESIGN THINKING POUR RÉENCHANTER LE COLLABORATEUR

Le cas pratique proposé ci-dessous est inspiré de la participation à un groupe de réflexion multi-sectoriel sur l'avenir des relations managériales au sein des grandes entreprises.

Cet exemple de réflexion collective est volontairement choisi parce qu'il est applicable dans tout type d'entreprise, que ce soit à l'échelle d'un groupe, d'une grande entreprise ou d'une plus petite (à partir de trois employés) et appliquée aussi bien au sein d'un point de vente, d'un département, d'une équipe ou de l'entreprise dans sa globalité.

Nous apprécions de pouvoir illustrer ici le fait que la démarche Design Thinking est efficace sur des problématiques qui vont bien au-delà de la conception ou de l'amélioration de produit ou service. Elle est le plus souvent évoquée pour ses applications dans la définition des parcours clients cibles, le dessin de l'environnement d'un point de vente, la conception d'un packaging, d'une interface digitale, ou encore la modélisation de l'ensemble des interactions avec le client. Mais n'oublions pas que le Design Thinking permet également de répondre à des problématiques de posture, d'organisation ou de conduite du changement, dès lors qu'elles impliquent une multiplicité d'acteurs, que ce soit au niveau stratégique ou opérationnel.

Contexte

Le contexte de réflexion posé est le suivant :

Dans les grandes entreprises, l'enquête de satisfaction soumise aux collaborateurs chaque année révèle une chute de la satisfaction par rapport aux années précédentes. Selon les enquêtes des années précédentes, les premiers signes de la baisse de la satisfaction au travail se seraient montrés cinq ans auparavant pour augmenter progressivement jusqu'à cette chute brutale. L'analyse approfondie des commentaires laissés par les employés révèle un sentiment de « baisse de la proximité entre les employés et les managers » et une impression grandissante de « déshumanisation des relations ». En cause, l'augmentation du nombre de salariés, la création de plusieurs départements spécialisés et la multiplication du nombre de managers intermédiaires, selon les raisons le plus souvent évoquées.

Il est décidé d'explorer la question de l'amélioration de la reconnaissance du collaborateur au quotidien directement avec les personnes concernées, et de construire la réflexion ensemble. Plusieurs ateliers Design Thinking sont organisés où sont conviées des personnes de tous niveaux hiérarchiques et de tous les départements, investies ou non dans l'animation du personnel, des collaborateurs en situation de managers ou eux-mêmes managés.

Objectif

L'objectif est d'identifier les bonnes pratiques managériales visant à améliorer le sentiment de reconnaissance au travail, ainsi que les supports de communication les plus adaptés pour les diffuser. Pour l'atteindre, le groupe de travail doit considérer toutes les typologies de relations : du manager au managé, de l'entreprise au collaborateur, et même des collaborateurs entre eux, par exemple. L'idée de départ est de travailler sur les aspects autres que ceux de la rémunération tels que l'attitude, le partage, la confiance, l'intérêt pour la personne...

Atelier #1

Le premier atelier commence à 9 h 30, après un petit-déjeuner d'accueil qui permet aux personnes qui se rencontrent pour la première fois de faire connaissance dans une ambiance conviviale : représentants des Ressources Humaines, délégués du personnel, directeurs, managers, employés et stagiaires de tous bords. L'animateur lance la séance.

Il présente l'objectif et rappelle les règles du jeu : jouer son rôle mais surtout jouer collectif ! Il amène chacun à s'immerger dans la réflexion grâce à un exercice de chauffe très simple : le groupe est divisé en deux équipes qui doivent proposer chacune leur définition de la « reconnaissance ». Après dix minutes (ce n'est qu'un exercice de chauffe), l'équipe bleue présente sa définition à l'équipe rouge qui est amenée à la compléter. Tout le groupe valide ainsi une seule et même définition de la reconnaissance, à savoir :

« Les actions qui traduisent la considération d'un individu pour son collaborateur et la valorisation de cette personne par des attentions récurrentes, personnalisées, spontanées ou ritualisées ».

Chaque équipe s'est approprié le sujet et la réflexion est lancée. Il est temps de déterminer les besoins et attentes de chaque collaborateur en matière de reconnaissance. Néanmoins, il est parfois plus aisé d'indiquer ce que l'on ne veut plus, plutôt que de décrire ce que l'on souhaite. Il a donc été choisi de questionner chaque sous-groupe en partant de la négative : « Pour quelles raisons un collaborateur ne se sentirait-il pas reconnu ? » ou « Dans quelle situation un collaborateur ressent un manque de reconnaissance ? ».

Les vertus de cet exercice sont multiples : les anecdotes et les exemples concrets viennent enrichir la séance, ils sont empruntés à une situation vécue par soi-même ou par une personne de l'entourage et ont un caractère libérateur. Ce moment de réflexion est également un temps de partage ou chacun se reconnaît à un moment donné dans la situation évoquée par l'autre. L'intérêt de cet exercice pour l'équipe d'animation réside dans sa conclusion. Il est demandé aux participants de reformuler chaque idée de façon positive à partir de chaque point de souffrance identifié. Par exemple :

« Après un mauvais résultat, le projet m'a été retiré » devient *« Donner le droit à l'erreur »* ; ou encore *« Dans une situation difficile, j'ai tout de même atteint un objectif ambitieux sans être félicité, comme si l'effort supplémentaire demandé était normal »* devient *« Être félicité non seulement pour ses*

réussites, mais également pour les efforts réalisés, même lorsque l'objectif n'est pas atteint».

Enfin, cet exercice a révélé un besoin non envisagé au départ : celui du manager qui exprime le besoin d'être reconnu par son équipe. Cette fois, c'est l'équipe rouge qui présente les résultats et l'équipe bleue qui complète. Cet exercice a permis de valider les besoins identifiés : la reconnaissance du travail fourni en plus de la reconnaissance des résultats, la reconnaissance en tant que personne, ainsi que le besoin d'empathie au cours des différents moments de sa vie professionnelle et extra-professionnelle. Enfin, pour certains collaborateurs, s'est manifesté le besoin de respecter une distance entre la sphère professionnelle et la sphère privée.

Après une pause bien méritée, les sous-groupes se reforment pour se projeter dans l'avenir. Il s'agit pour chaque équipe de proposer une ou plusieurs actions concrètes visant à faire évoluer les pratiques managériales et à améliorer le sentiment de reconnaissance du collaborateur pour chaque besoin identifié. Les conclusions de cet exercice sont partagées en plénière et l'ensemble du groupe de travail détermine et valide la priorité à donner parmi toutes les actions envisagées.

Les différents objectifs du premier atelier sont atteints. La problématique et les objectifs sont clairs pour l'ensemble des participants. La confiance est établie avec le groupe de travail qui a pris la problématique à bras-le-corps : les besoins sont clairement identifiés et il y a un sentiment d'accomplissement d'avoir déjà proposé des actions concrètes pour y répondre.

Atelier #2

Le second atelier commence à 9 h 30, après un petit-déjeuner d'accueil qui permet au groupe de travail de se ressouder. La première demi-heure de l'atelier est consacrée à la relecture de la Synthèse. Ce temps de validation est essentiel pour aligner les idées du groupe de travail et le replonger dans le sujet.

Pour faire le lien et approfondir les exercices de l'atelier précédent, les deux équipes sont invitées à identifier les dix moments clés d'attention du collaborateur. Des événements sont alors identifiés tels que le premier jour dans l'entreprise, une promotion, un mariage ou un PACS, une naissance, un départ à la retraite, de même que les moments potentiellement difficiles : divorce, décès d'un proche… La seconde partie de l'exercice vise à remettre les actions déterminées lors de l'atelier #1 en perspective de ces moments dans lesquels le collaborateur a besoin d'une attention ou d'un accompagnement personnalisé. Les actions sont alors complétées et enrichies en fonction de chaque moment clé. L'exercice se termine par une restitution et une validation commune.

La pause permet à l'équipe d'animation de présenter deux nouveaux venus qui seront présents lors de la seconde partie de l'atelier pour écouter les débats et s'imprégner du sujet : un UX Designer et un professionnel du tournage et du montage vidéo. Après la pause, les deux sous-groupes sont invités à travailler sur les moyens de communication mis à disposition pour améliorer la reconnaissance. La consigne est d'identifier un ou plusieurs moyens de mise en œuvre pour chacune des actions précédemment citées et d'en évaluer la difficulté. Toutes ces actions identifiées comme de bonnes pratiques sont alors à communiquer aux managers. La seconde partie de l'exercice vise à déterminer les moyens de communication ou les médias les plus pertinents pour transmettre ce message et accompagner les collaborateurs dans la mise en œuvre de ces actions. À la suite de cet exercice, les deux équipes réunies en plénière sont invitées à sélectionner et à valider les quatre supports de communication prioritaires parmi tous les moyens retenus.

Atelier #3

Ce troisième atelier commence à 9 h 30. Après un petit-déjeuner d'accueil, la première demi-heure de l'atelier est consacrée à la relecture de la Synthèse. Elle permet à l'équipe d'animation de rappeler aux participants les « dix moyens de communication » identifiés par le groupe de travail, parmi lesquels : la création d'une application à destination de tous les collaborateurs, la création de vidéos humoristiques pour sensibiliser les managers au besoin de reconnaissance, la création d'un programme de formation continue des collaborateurs, ou encore la création d'un support des bonnes pratiques à destination de tout nouveau collaborateur.

Chaque équipe est invitée à rejoindre l'un des deux nouveaux intervenants présentés la semaine passée. L'équipe bleue va être accompagnée par l'UX Designer dans le design de l'application destinée aux collaborateurs. Le but étant d'abord d'identifier les utilisateurs de l'application : tout collaborateur, qu'il soit manager ou managé, pour déterminer leurs besoins et commencer à dessiner les contours de cette application. L'équipe rouge va être accompagnée par le réalisateur vidéo dans la rédaction des scénarios et le tournage des vidéos humoristiques afin de sensibiliser les collaborateurs au besoin de reconnaissance. Plusieurs scénarios sont proposés illustrant l'arrivée d'un nouveau collaborateur et les premiers « *rushs* » sont filmés. Les équipes se prêtent au jeu.

Après la pause, chaque équipe est amenée à travailler sur les autres supports de communication : le guide des bonnes pratiques et la création d'une formation continue à destination des collaborateurs. Il est très vite décidé que le support des bonnes pratiques sera mis en libre accès sur l'application dédiée aux collaborateurs et pourra s'enrichir d'exemples et de commentaires des collaborateurs sur un mode interactif. Dans l'autre groupe, les démarches pour rendre la formation « certifiante » et « reconnue par l'État » sont très vite identifiées.

La restitution des travaux des deux équipes se fera lors de la séance suivante avec la présentation des prototypes de l'application et des maquettes des vidéos.

Atelier #4

La durée de l'atelier final de validation a été volontairement réduite. L'atelier commence à 10 heures par un café d'accueil et se terminera à 12 heures par un déjeuner pour que le groupe de travail se sépare dans les meilleures conditions.

L'atelier est prévu en deux temps :

- D'abord, la relecture et validation de la Feuille de route par l'ensemble du groupe de travail. Dans le cadre de cette réflexion, la Feuille de route a été diffusée à l'ensemble des membres du groupe de travail et aux commanditaires de la réflexion. (Dans le cadre d'une réflexion en entreprise, la Feuille de route aurait été diffusée aux membres du groupe de travail, à leurs responsables hiérarchiques ainsi qu'aux commanditaires et à la Direction générale de l'entreprise.)
- Dans un second temps, à la suite de la co-validation de la Feuille de route, les prototypes de l'application sont présentés à l'ensemble du groupe de travail. Tous les volets de l'application sont critiqués positivement et enrichis des remarques de l'ensemble du groupe de travail. De même, les maquettes des vidéos sont présentées à l'ensemble du groupe de travail pour suggestions et validation.

Les participants se quittent sur une note positive à la suite du déjeuner. Ainsi se termine ce cas pratique.

LE DESIGN THINKING POUR « IMAGINER LES POINTS DE VENTE DU FUTUR »

Le cas pratique proposé ci-dessous est, lui, inspiré de la participation à un groupe de réflexion sur la diversification des activités et l'avenir des points de ventes dans le secteur des télécommunications et de la téléphonie mobile.

L'intérêt de cet exemple est de démontrer que lors d'un cycle d'ateliers Design Thinking, et plus particulièrement lors de la phase d'idéation, il existe différentes manières d'amener un groupe de travail à se projeter dans l'avenir et d'éveiller sa curiosité. Par exemple, par des exercices de réflexion et de co-création en sous-groupes, mais aussi par des éléments de prospective (ce qui suppose d'opérer une veille permanente sur les sujets d'innovation, doublée d'une phase de recherche *ad hoc* lors de la phase de préparation) ; ou encore de proposer au groupe de travail de se projeter avec des outils de maquettage ludiques, tels que les *serious games*.

Contexte

Dans le secteur des télécommunications et de la téléphonie, les points de vente physiques ne sont plus fréquentés par leurs clients pour les mêmes raisons qu'auparavant. Seulement 6 % des consommateurs indiquent aujourd'hui le « plaisir » comme première motivation de la fréquentation des magasins physiques. Les clients leur préfèrent désormais les interactions à distance ou sur les canaux digitaux (sites Web ou applications mobiles pour l'acquisition d'un produit ou d'un service) alors que les points de vente physiques sont davantage un lieu d'échange, de conseil et de services supplémentaires. Face à ce constat, inventer un lieu de vie plus chaleureux qui réponde aux nouveaux besoins clients est devenu une priorité.

Dans cette optique, une série d'ateliers Design Thinking a été organisée afin d'accompagner le secteur des télécommunications dans sa réflexion autour du futur et de la diversification des activités de leurs points de vente physiques.

Objectif

L'objectif était non seulement de concevoir de nouveaux espaces, de nouveaux services et de nouveaux parcours à proposer aux clients et prospects, mais aussi de répondre aux nouvelles manières de consommer de ceux-ci. Le constat de départ étant le suivant : « Les clients et prospects n'ont plus le temps, le besoin ou l'envie de se rendre en point de vente. »

Pour autant, s'ils sont 50 % à faire un achat sur Internet tous les mois, 90 % du chiffre d'affaires du commerce de détail se réalise encore en magasin. Le numérique sert, pour l'essentiel, de comparatif et de prise de renseignements : 64 % font un détour par Internet avant d'acheter. Les consommateurs sont donc plus susceptibles de rentrer dans une enseigne en sachant précisément ce qu'ils désirent. Les points de vente, boutiques ou agences ne sont donc pas voués à disparaître.

Afin de répondre à cette problématique, il a été décidé d'organiser des ateliers Design Thinking afin d'accompagner la phase d'idéation de ce projet. Plutôt que de recourir à des études qualitatives et quantitatives sur un panel de consommateurs, il a été choisi de mêler directement les deux publics : collaborateurs et clients. Les ateliers Design Thinking avaient donc pour but, non seulement de recueillir les nouveaux besoins des clients et prospects au travers de leurs témoignages exprimés directement en séance, mais aussi d'aller plus loin, en les faisant collaborer à l'élaboration collective des points de vente de demain.

Atelier #1

Dans le cadre de l'élaboration de nouveaux parcours ou services client, il n'est pas rare de faire intervenir des clients directement en séance. Les animateurs proposent alors soit de visionner plusieurs vidéos dans lesquelles des clients ou prospects expriment leurs besoins ou leurs frustrations, soit d'écouter les doléances de clients qui sont présents physiquement pour faire partager leur retour d'expérience. Il est plus rare de proposer à des clients ou prospects de les faire participer à l'élaboration du concept. Dans le cadre de ce cycle d'ateliers, il était prévu de balayer les deux.

Étaient réunis à la fois les collaborateurs de l'enseigne : personnels d'accueil et de vente, responsables marketing, architectes et designers des points de vente et / ou du mobilier ; et les clients de la marque : professionnels ou particuliers.

Très vite, les membres du groupe de travail se sont alignés sur l'objectif commun : créer le point de vente du futur permettant de traiter toute demande, qu'elle émane d'un client professionnel ou particulier.

L'exercice de chauffe consistait dans un premier temps à vérifier l'hypothèse selon laquelle les attentes et besoins de la clientèle professionnelle (dite « les pros ») étaient les mêmes que ceux des clients ou prospects particuliers. Ce premier exercice a donc consisté à séparer le groupe de travail en deux sous-groupes : les collaborateurs et les clients / prospects du marché des professionnels dans une équipe, les collaborateurs et les clients / prospects du marché des particuliers dans l'autre. Lors de la confrontation des conclusions de chacun des deux sous-groupes, il s'est avéré que les attentes et besoins exprimés étaient les mêmes.

Une fois cet alignement validé, les exercices suivants se sont déroulés en deux sous-groupes qui mêlaient de manière équilibrée les personnes rattachées au marché des professionnels et celles du marché des particuliers.

Le premier exercice de *brainstorming* a permis de recueillir les frustrations, les besoins et les attentes en termes de services – qu'ils soient existants ou non – issus du domaine des télécommunications ou au-delà (dans un esprit de diversification des activités du point de vente).

Le second exercice a permis d'identifier des solutions et de recueillir de nouveaux concepts de point de vente du futur, que ce soit en termes d'environnement géographique (point de vente ayant pignon sur rue ou *corner* situé dans un centre commercial), d'agencement (zone d'accueil, zone de prise en charge du client ou prospect…) ou d'agencement mobilier (fauteuils, machine à café, bornes de chargement de téléphone…).

Atelier #2

Dès le début de l'atelier #2, la présentation d'une prospective est proposée aux participants. Sa mission n'est pas de montrer des concepts meilleurs que ceux imaginés lors de l'atelier précédent, mais plutôt d'éveiller encore la curiosité des participants, d'alimenter leur réflexion et de les inciter à sortir de leur cadre de référence (bien souvent les participants sont ancrés dans le quotidien de leur secteur d'activité et de la concurrence). La prospective a donc pour rôle de les inspirer en leur montrant ce qui fonctionne dans d'autres secteurs ou d'autres pays, afin d'inventer ou de réinventer un concept.

La prospective était découpée en quatre thématiques avec notamment la présentation de concepts empruntés à d'autres secteurs d'activité : les agences bancaires qui brisent les codes, comme le Bank Store de Virgin Money et l'agence sans humain de Bank of America ; les agences nomades, à l'image du combi Volkswagen distributeur de billets ou aménagé en bureau de travail à distance ; les boutiques express, telles qu'Amazon Go ; les services innovants de relation client comme les robots d'accueil, les assistants personnels et les conciergeries ; ou enfin, les corners de recharge et de réparation d'appareils mobiles dans l'esprit du Genius Bar d'Apple.

En seconde moitié d'atelier, afin de rendre leurs idées encore plus palpables, les participants ont été invités à représenter leur vision de l'agence du futur à travers une maquette réalisée à partir d'un outil de co-création ludique : le *Lego serious game*.

Chaque petit groupe de quatre personnes a alors été invité à construire un point de vente du futur grâce à des Lego de différentes couleurs. Les avantages de ce médium étant de laisser libre cours à sa créativité à travers sa dimension ludique et de pouvoir représenter facilement un environnement en trois dimensions. Cependant, pour les organisations qui n'auraient pas ce type d'outils à leur disposition, il est tout à fait possible de reproduire cet exercice à partir de feutres de couleur et de dessins sur un *paperboard*. À l'issue de cet exercice, chacune des équipes est invitée à présenter son agence du futur brisant les codes du point de vente classique : point de vente nomade ou mobile, modulable, entièrement automatisé ou au contraire avec la mise à disposition d'une assistance telle celle d'une conciergerie, ou la mise en avant d'animateurs…

La conclusion de ces ateliers a établi que le modèle de point de vente, tel qu'il est aujourd'hui déployé sur le territoire, n'a plus de sens. La boutique du futur doit se fondre dans l'espace où elle est située et proposer des services, de téléphonie ou non, qui correspondent aux besoins des clients se trouvant dans la zone.

À titre d'exemple, les participants ont imaginé une agence présente en zone *duty free* ou « premium » des aéroports et des gares « grandes lignes ». Cette agence offrirait un lieu unique dans lequel chaque client pourrait se distraire en attendant son avion ou son train. Le lieu serait épuré, avec des meubles bas et disposerait de tout le confort nécessaire : lecture, café, tablettes tactiles seraient à disposition. Cet espace « *lounge* » serait accessible aux détenteurs d'un mobile (permettant d'identifier qu'il est bien client de l'opérateur) et proposerait également des services *en extra* rapides et réactifs, adaptés à une clientèle professionnelle comme particulière, tels qu'un bureau de change, la location de véhicules, la réservation de taxis ou encore le chargement de cartes bancaires prépayées. Un espace privé pour les clients haut de gamme serait également disponible pour prolonger l'expérience.

Ces zones de *duty free* sont actuellement peu investies par les opérateurs ou les banques. Offrir un tel espace « premium » en rupture avec les codes traditionnels aux clients renforcerait leur attachement à la marque. Cette agence deviendrait une véritable vitrine pour l'enseigne et les services proposés la hisseraient au même rang que les marques de luxe qui occupent habituellement ces lieux.

Conclusion

Comme nous l'avons annoncé, nous ne sommes pas des gourous à la science infuse, simplement des professionnels de la démarche Design Thinking. Passionnés par notre sujet, nous aimons ce que nous partageons au quotidien avec les équipes qui nous font confiance. C'est pour ces raisons que nous souhaitons tordre le cou aux idées reçues, aux confusions et aux déformations de cette démarche.

Aujourd'hui, quelques rares écoles en France et en Europe proposent d'initier leurs étudiants à la démarche Design Thinking, le plus souvent à travers des projets pluridisciplinaires et des partenariats entre Écoles de design, de commerce et d'ingénieurs. N'oublions pas qu'à la différence d'une méthode Lean Startup ou Agile, aucune certification n'existe dans cette discipline. Et c'est très bien ainsi !

Créer une certification aurait pour conséquence de faire entrer tous les Design Thinkers dans un même moule. Cette idée est contradictoire avec l'essence même de ce qu'est le Design Thinking : transversalité, multidisciplinarité, créativité, libre pensée, besoin de contradiction, multiplicité des profils et des angles d'approche. Nous retrouverions alors le risque que nous évoquions en introduction : celui d'en faire un processus, d'en normer la théorie et la pratique… Le Design Thinking doit continuer à représenter un espace de liberté et rester accessible à tous, sans besoin de diplôme. Restons ouverts !

Depuis des années, des universités et des écoles – aux États-Unis, à Stanford ou Berkeley et en Europe ou en France, à Potsdam, Paris ou Marseille – proposent des cursus et des programmes afin de former les étudiants aux grands principes du Design Thinking. Les étapes sont au nombre de 7 pour les uns, 5 pour les autres. Peu importe, tant que les principes de cheminement et d'itération sont respectés. C'est cette diversité qui fait tout l'intérêt de la démarche. Ces environnements sont propices à l'innovation, aux idées fertiles, à l'émancipation de créateurs (entrepreneurs) et de créatifs. Élargissons encore le spectre : n'oublions pas que les partenariats entre grandes entreprises et start-up se multiplient. Un hackathon ou un *boot camp* ne sont pas l'apanage des jeunes. C'est déjà une réalité des grandes entreprises innovantes.

Nous avons voulu vous proposer nos clés du Design Thinking à travers notre expérience professionnelle et notre savoir-faire acquis au fur et à mesure des sujets traités, notre vision d'une démarche innovante à mener dans un « esprit start-up » débridé : sous forme de laboratoire, d'accélérateur, d'une communauté de testeurs permettant d'aboutir à des résultats concrets par l'exploration, l'adhésion des équipes, l'idéation, les tests et le développement rapide et dans un esprit totalement transversal à l'entreprise.

Cette démarche fonctionne et a fait ses preuves. Certes, l'effet start-up ne sera que de courte durée si les principes fondamentaux n'en sont pas respectés. Néanmoins, bien mis en œuvre et installé de manière transversale dans nos entreprises, le Design Thinking est un formidable levier d'amélioration de l'expérience proposée à nos clients. C'est en outre un formidable outil de créativité, d'efficacité et de reconnaissance pour nos collaborateurs. Parce que l'entreprise repose sur le facteur humain et les potentiels de chacun.

Le monde change tellement vite que depuis le début de l'écriture de ce livre, les choses ont déjà évolué. Nous sommes bien conscients que d'ici un an, nous aurons encore d'autres choses à dire, nous ne doutons pas que nous nous serons encore enrichis d'ici là.

Nous n'avons d'autre but que de continuer à apprendre, à partager et à nous enrichir mutuellement. Nous sommes toujours plus forts à plusieurs.

Et pour votre part, **n'hésitez pas : lancez-vous !**

Remerciements

Il nous tient particulièrement à cœur de remercier ceux qui ont cru en notre projet autant que nous, dès l'émergence de cette idée et en tout premier lieu : Christophe Aliôme ; ainsi que ceux qui très tôt ont fait preuve de curiosité : Frédérique Rabier-Aliôme, Bertrand de Lachapelle, Jérôme Boucheron et Julien Borderie. Nous les remercions de leurs chaleureux commentaires à la lecture de nos premières lignes.

Nous remercions aussi toutes celles et tous ceux qui, dans nos vies et au cours de nos carrières respectives, que ce soit au sein de nos entreprises précédentes ou actuelles, nous ont permis de nous construire professionnellement, de faire grandir notre expérience, mais également, et c'est essentiel à nos yeux, de nous enrichir sur le plan personnel : Cédric Marra, Christophe Clappier, Alain Robert, Patrick et Romain Alès, Franck Guignochau, Lanette Khamvongsa, Frank J. Klein, Estelle Le Naour, Raphaël Sirejean, Guy et René Verrecchia.

Ensuite, nous souhaitons exprimer nos sincères et chaleureux remerciements à celles et ceux qui nous ont accompagnés, et font pour nous partie de cette histoire : Olivier Sampieri pour son implication qui représente une formidable preuve de reconnaissance et de confiance ; Rémi Javelle, pour nous avoir poussés très tôt à concrétiser notre envie d'écrire et pour son accompagnement ; François-Xavier Chenevat – FiX –, d'avoir mis sa patte et d'avoir su traduire avec humour notre quotidien ; Marie David, pour son enthousiasme et son aide aux prémices de notre projet ; Anne Leguy pour ses nombreuses relectures, ses enrichissements et ses conseils avisés ; Véronique Biso, pour ses remarques constructives et son regard extérieur ; Sylvie Courbu, Nicolas Desurmont, Jeanne Grun, Patrice Lavialle, Vincent Picot et Fatima Bouhelalem pour la construction et la relecture de nos exemples ; Agnès Tran-Pommel et Isabelle Candelier pour leur soutien ; Odile Marion et Julie Robert de la maison Dunod pour leur confiance, leur patience et leur accompagnement.

Un grand merci surtout à toute notre équipe qui nous accompagne chaque jour dans cette belle aventure pour leur soutien indéfectible : Rebecca Geier, Mathilde Jeannot, Valentin Pollini et Christophe Rmili.

Enfin, c'est tout naturellement que nous remercions toutes celles et tous ceux qui ont cru dès les premiers instants au Design Thinking : tant les initiateurs de projets que nous avons accompagnés, que les participants fidèles à nos ateliers. Inéluctablement, nous pensons à Stéphane Tostain, ses équipes et au-delà. Et si vous êtes trop nombreux pour que nous puissions tous vous citer ici, nous savons que chacun d'entre vous se reconnaîtra dans ces quelques lignes. Nous vous remercions le plus sincèrement et le plus chaleureusement possible de votre engagement et de votre confiance.

Pour finir, nous adressons une pensée particulière à celles et ceux sans qui nous ne serions pas les passionnés que nous sommes : nos familles et nos proches !

76729 - (III - OSB 90° - 376 - PCA - MPN

JOUVE
1, rue du Docteur Sauvé, 53100 MAYENNE
N° 2718323Y
Dépôt légal : juin 2017
Suite du tirage : avril 2018

Imprimé en France